AF389597

RECHERCHES

SUR

L'ART DE VOLER,

DEPUIS LA PLUS HAUTE ANTIQUITÉ
JUSQU'A CE JOUR;

*Pour servir de Supplément à la Description
des Expériences aérostatiques de M. Faujas
de Saint-Fond.*

Par M. DAVID BOURGEOIS.

Huccine mortalis progressa potentia curæ?
CLAUD. *de sphæra Arch.*

A PARIS,

Chez CUCHET, rue & hôtel Serpente.

M. DCC. LXXXIV.

Avec Approbation & Privilège du Roi.

INTRODUCTION.

LES progrès de l'entendement humain font bien dignes d'être obfervés. Lent dans fa marche, arrêté quelquefois, malgré mille efforts, pendant des fiècles, par des difficultés & des obftacles, l'objet qui occupe fes travaux & fes recherches, paroît fuir & s'échapper fans ceffe; on le jugeoit fouvent vain & chimérique, lorfque l'inftant arrive où un foible rayon en indique la trace; le grand jour fuccède auffi-tôt à la nuit la plus fombre.

L'époque d'une découverte importante offre enfuite un fpectacle, où le jeu des paffions, des caractères fi variés & des opinions des hommes, caufe des fermentations, des difputes, des exclamations outrées, des ironies fades, des réclamations ineptes, des prétentions injuftes, des concurrences révoltantes, &c. &c.

On a remarqué tous ces effets depuis l'élévation du Ballon d'Annonai. Tandis que le phyficien-géomètre confacroit fes veilles à

étudier un moyen si simple & si beau de pofféder la route des airs , & qu'il en recevoit
le don avec reconnoiffance des mains des
inventeurs ; tandis que le fage fe félicitoit des
bienfaits qui alloient fe répandre fur l'humanité ; tandis que le bon patriote s'enorgueil-
liffoit d'une fi grande découverte faite dans
le fein de fa nation , quels bourdonnemens,
quels cris, quels murmures n'ont pas affour-
di la multitude ! Le langage de la raifon a
prévalu fous le plus beau & le plus heureux
des règnes ; les récompenfes & les encou-
ragemens du gouvernement ont impofé le
filence aux clameurs , & mieux éclairé le
vulgaire que les raifons.

Les réclamations en faveur des anciens
& des favans des fiècles derniers, avoient
fait de fortes impreffions. Parmi la claffe des
érudits, gens la plupart très-eftimables &
très-utiles, il en eft, comme par-tout ailleurs, qui abufent de leurs connoiffances. Ils
font retentir continuellement, qu'autrefois
on a tout fu , on a tout dit, on a tout fait.

La première réclamation férieufe fur l'art
du vol, rappella le nom de Lana. Son ou-

vrage étoit très-rare; je fus à la Bibliothèque du Roi pour le confulter, & je me
convainquis qu'il ne contenoit aucun titre de
prétention légitime. Je lus Borelli , qu'on
citoit avec emphafe , & je le reconnus être
un antagonifte de Lana , au lieu d'être fon
foutien , comme on l'affuroit, en abufant d'ex-
traits ifolés. Je parcourus l'ouvrage de Paf-
chius de Dantzig fur les nouvelles inventions,
& j'y vis une compilation d'idées incertaines & de faits malheureux concernant le
vol. Me trouvant au milieu de ce vafte dé-
pôt des connoiffances humaines , unique fur
la terre par l'immenfité de fes richeffes lit-
téraires , je conçus le projet de remonter aux
fources les plus antiques , & de fcruter tout
ce qui fe feroit imaginé ou fait fur l'aerof-
tatique , pour dégager la gloire de MM. de
Montgolfier de fes faux nuages , ou la réduire à fes juftes bornes , fi la vérité l'exigeoit.
Un fecond motif fe joignit à mes réflexions.
Dans le cas où les tems paffés n'offriroient
rien de fatisfaifant complettement pour l'art
du vol , il étoit poffible que je recueilliffe
quelques moyens utiles pour augmenter &

étendre la théorie & la pratique de fa découverte.

Ces idées fi naturelles l'étoient bien plus
encore dans le lieu où j'étois. La belle adminiftration & le grand ordre qui y règne,
l'aménité de M. l'abbé des Aunais qui en
eft le chef, fon accueil fi obligeant aux de-
mandes, la promptitude avec laquelle elles
font fatisfaites, l'empreffement & la politeffe
de tous fes coopérateurs, excitent le plus
vif intérêt, & décèlent l'amour éclairé des
fciences & des lettres qui l'anime. Je voyois
en lui un favant bibliographe dont les lu-
mières & les fecours indifpenfables m'étoient
offerts. Dans ce tribut de ma reconnoiffance,
je décrirois fes autres excellentes qualités, fi
je n'étois pas arrêté par les ménagemens que
je dois à fa rare modeftie. Je lui communiquai
mon deffein ; il l'approuva, m'encouragea,
& j'écrivis.

TABLE

DES PRINCIPAUX ARTICLES.

RECHERCHES

RECHERCHES

SUR

L'ART DE VOLER.

L'IDÉE de s'élever dans les airs, d'y voler, d'y naviger, a toujours occupé si fort les hommes, qu'on la retrouve dans les fables de la plus haute antiquité & dans les contes. Les aîles de Saturne, l'aigle de Jupiter, les paons de Junon, les colombes de Vénus, les chevaux aîlés du Soleil, les aîles de Mercure & celles dont il fait don à Persée pour l'aider à combattre Méduse ; Pégase dompté par Bellérophon, qui s'en sert pour détruire la chimère ; Médée enlevée par ses dragons & soustraite à la juste vengeance de Jason ; jusqu'à un bélier délivrant Phrixus & Hellé des mauvais traitemens d'Athamas en les transportant, par les airs, dans de plus heureux climats ; toutes ces fictions, & plusieurs autres, entretenoient chez les peuples le défir du vol. Je n'en entreprendrai point l'explication. Pour bien prononcer fur l'antiquité, il faudroit avoir été initié à fes myftères ; il faudroit avoir affifté aux écoles d'un Démocrite, d'un Ariftote, d'un Platon ; il faudroit fur-tout avoir été admis au nombre de ces difciples chéris & privilégiés auxquels le maître, dans des leçons fecrètes, préfentoit & développoit ces vérités antiques cachées foigneufement aux profanes, parce que leur découverte auroit ébranlé les autels, en dévoilant le principe naturel des preftiges qui enchaînoient la multitude à fes faux dieux.

Indépendamment de tant de tableaux féducteurs, une infinité de motifs concouroient à cimenter le défir du vol ; l'inftinct de la nature, les mouvemens des paffions, des utilités innombrables, le langage de la raifon, celui de la fageffe ; car le fage même ofa en former le vœu.

L'homme né inquiet, entreprenant, plus ambitieux de ce qu'il n'a pas, qu'attentif à jouir de ce qu'il pofsède, jaloux fur-tout de la primauté fur les autres êtres qui foulent avec lui la terre, n'a point vu avec indifférence les oifeaux pofféder feuls le domaine des airs. Une mère abfente de fon fils, un ami éloigné de fon ami, un citoyen de fa patrie qui réclame fes fervices; mais fur-tout l'amante de fon amant, quel prix n'auroient-ils pas attaché à l'infrument d'une prompte réunion! Quel bienfait pour Héro, fi Léandre eût pu diminuer ainfi fes travaux trop périlleux & funeftes & lui être confervé! Quels tranfports Sapho n'auroit-elle pas éprouvés en atteignant Phaon dans fa pourfuite, pour au moins lui reprocher fon infidélité! Alexandre n'auroit pas répandu des larmes aux bords de la mer qui arrêtoit fes conquêtes; il fe feroit élevé au plus haut des airs pour découvrir des terres nouvelles qui ferviffent d'aliment à fon ambition.

Malgré tous ces motifs & un grand nombre d'avantages infignes que j'indiquerai ci-après, la multitude perdoit de vue l'idée du vol. L'inutilité des tentatives qui avoient précédé, & les malheurs que plufieurs avoient caufés, infpiroient la crainte & la perfuafion de l'impoffibilité du fuccès. Ceux qui s'en occupoient encore étoient expofés à la critique & prefque à la dérifion du public. Ambitieux de tout envahir, leur difoit-on, où portez-vous votre audace? Ne vous lafferez-vous point de vous précipiter dans des entreprifes téméraires & effrayantes? MM. Montgolfier paroiffent, ils déchirent le voile fous lequel l'art étoit caché. Leurs mains favantes circonfcrivent une grande capacité d'air avec une enveloppe. Le feu introduit dans son centre, y déploie sa puissance. L'air raréfié s'élève & entraîne avec soi des poids considérables. Des hommes courageux & intrépides s'y établissent une demeure & se transportent avec confiance dans le vague des airs aux yeux de la terre étonnée. L'univers saisi d'admiration rend ses hommages aux auteurs d'une découverte si intéressante, & leur décerne les couronnes immortelles réservées au génie.

Je me suis proposé de remonter aux tems les plus reculés, & d'en redescendre jusqu'à nos jours pour y faire la recherche des faits, des idées & des essais qui ont rapport à cet art important. Les écueils que l'on rencontre en parcourant cet espace, sont sans nombre. L'historien s'est souvent abandonné au goût du vulgaire pour le merveilleux, & l'a plus d'une fois partagé. L'imagination fantastique du poëte a altéré la plupart des faits & en a beaucoup créé. Des monumens élevés pour perpétuer à toujours les souvenirs & les connoissances, ont été renversés; &, dans le très-petit nombre de ceux qui subsistent encore, on en voit qui sont chargés de caractères inconnus & inintelligibles. Plusieurs ouvrages précieux, qui méritoient l'immortalité, ont été la proie des flammes, des vers & des barbares.

La fcience qui fe tranfmettoit de bouche en bouche, n'a plus eu de promulgateurs. Les travaux fructueux des fiècles paifibles, ont été perdus tour-à-tour dans les fiècles tumultueux, & les malheurs fucceffifs de la terre, ont maintenu long-tems l'empire fatal de l'ignorance. Le retour des arts & des fciences eft très-récent. Deux fiècles ne font pas écoulés depuis les perfécutions que Galilée eut à endurer pour avoir recouvré des vérités connues trois mille ans auparavant. Les Antipodes ont été confidérées comme chimériques & extravagantes, quoiqu'on eût cru, il y a quatre mille ans, qu'Abaris avoit fait le tour de la terre.

Ce voyage d'Abaris eft entièrement dans le genre merveilleux, incroyable & inintelligible. ABARIS. Il l'avoit exécuté, difoit-on, en volant avec le fecours d'une flèche qu'il avoit reçue d'Apollon. C'étoit un dard d'or qui avoit fervi à celui-ci dans plufieurs guerres, & qu'il avoit enterré fous une montagne, lorfque, pourfuivi par la colère de Jupiter, il fut obligé de s'enfuir. Cette colère appaifée, il reprit ce dard ; & ayant vifité les Hyperboréens, il en fit don à Abaris, en reconnoiffance de ce qu'il avoit célébré fon arrivée par des chants dignes de lui. La courfe d'Abaris autour de la terre eft rapportée par Diodore de Sicile. Jamblique s'est borné à écrire que, lorsqu'il se mettoit sur le dard dont l'Apollon vénéré chez les Hyperboréens lui avoit fait don, il traversoit par l'air les fleuves, les mers, & les lieux inaccessibles. Dans des siècles d'ignorance, même jusqu'au dernier, on a comparé ce dard au manche à balai qui servoit à transporter les forcières, entre deux airs, à l'assemblée sabbatique. Aujourd'hui on peut y reconnoître un instrument propre à mesurer les distances éloignées, ou chargé d'indices qui tenoient lieu d'itinéraire, puisqu'il est dit que, sans ce dard, Abaris ne pouvoit pas discerner les chemins qu'il devoit suivre. Les adeptes y voient évidemment un témoignage de son initiation aux secrets d'Hermès. Quoi qu'il en soit, il ne fournit aucune indication utile pour l'art du vol, & je finis son article en observant que je crois qu'il ne faut point confondre cet ancien Abaris avec celui qui accompagna Anacharsis à Athènes, du tems de Solon. On lui attribue une théogonie, des oracles, un livre de prières expiatoires & un chant sur les nôces de l'Ebre, avec celui en l'honneur d'Apollon.

CAPNO-BATÈS.

Les Hyperboréens fournissent encore un autre doute sur l'art du vol. Plusieurs nations étoient connues sous cette dénomination, & les princi-

pales étoient les Scythes, les Myfes & les Thra-
ces. Parmi ces derniers, une fecte d'hommes religieux profeffoit des mœurs auftères & une frugalité extrême; ils étoient refpectés & confidérés
comme facrés; ils s'abftenoient de l'ufage des
femmes & des viandes : on les furnommoit Capnobatès, qui s'élèvent par la fumée.

Le grand rôle que plufieurs écrivains peu inf-
truits ont fait jouer à la fumée, comme fi elle
eût été l'agent dont MM. de Montgolfier fe fer-
voient, ce qui a été en même-tems énigmati-
que pour l'Europe favante, & principe d'erreur
pour la multitude, donne quelque curiofité d'é-
claircir ce que Strabon a entendu par cette dénomination. On la trouve dans fon feptième livre,
& il la tenoit de Poffidonius. Elle a fort embarraffé fes commentateurs ; & l'opinion la plus
vraifemblable eft celle de l'un d'eux, qui fubfti-
tue Capnioi à Capnobatès : on lit alors, vivans
de fumée, ce qui exprime très-bien leur grande
frugalité. Cependant le vraifemblable ne fuffit pas
pour être certain de la vérité.

Entre plufieurs contes d'une nation fauvage,
qui remontent à l'époque de notre origine, on
en remarque où la fumée eft le principal agent
de l'élévation d'un homme dans les airs. Ils font
recueillis dans les Lettres édifiantes & curieufes,

CAROLI-
NIENS.

Mémoires des Indes, tome XV. Le père Cantova, jésuite missionnaire, écrit d'Agdana, en date du 20 mars 1722, au père d'Aubenton, confesseur du roi d'Espagne : Agdana est un port des îles Philippines. Il y étoit arrivé un bâtiment des îles Carolines, égaré par la tempête. Les Carolines sont situées entre les Philippines & les Terres Australes. Les missionnaires avoient accueilli les passagers en leur accordant une bonne hospitalité. Cantova s'étant étudié à connoître leur langage, y trouva du rapport à un arabe corrompu, & il parvint à s'entretenir avec eux. Il en apprit qu'ils n'ont ni temples, ni idoles, ni sacrifices, ni offrandes, ni aucun culte extérieur. Leur croyance est bornée à celle des esprits célestes, bienfaisans & malfaisans. Un de ces esprits femelles étant descendu sur la terre pour y accoucher, elle y donna le jour à trois enfans. Elle trouva la terre aride & infertile; elle la couvrit d'herbes, de fleurs, d'arbres fruitiers, & la peupla d'hommes raisonnables. Au commencement les hommes ne connoissoient pas la mort, mais un mauvais esprit, qui se faisoit un supplice de leur bonheur, la leur procura.

Un de ces principaux esprits bienfaisans ayant épousé une femme terrestre, en eut un fils. Oulefat (c'étoit son nom) apprit que son origine étoit célefte, il fut impatient de voir fon père, & il prit fon vol vers le ciel ; mais à peine élevé dans les airs, il retomba fur la terre. Cette chûte le défola ; il pleura amèrement fa mauvaife defti- née, toutefois fans fe défifter de fon premier deffein. Il alluma un grand feu, &, à l'aide de la fumée, il fut porté une feconde fois en l'air, & par- vint à jouir des embraffemens de fon père célefte.

Ils ont un autre efprit qui, ayant été chaffé du ciel pour fes manières inciviles & groffières, apporta fur la terre le feu qui avoit été inconnu jufqu'alors.

Il y a dans une de leurs îles, un petit étang d'eau douce, où leurs dieux, difent-ils, vont fe baigner ; aucun infulaire n'ofe s'en appro- cher par refpect pour ces divinités, & dans la crainte d'encourir leur indignation. Le père Can- tova fait obferver que ces deux dernières fables ont beaucoup de rapport avec celles de Promé- thée, & de Diane & d'Actéon.

Les oifeaux que les hommes imaginoient avoir tranfporté dans les airs leurs dieux & leurs héros, leur donnèrent l'idée de s'en fervir pour jouir de ces avantages. Un ancien ufage que les Leuca- diens pratiquoient annuellement, nous retrace cette idée fi naturelle. Sur un rocher coupé dans la mer au bout de leur péninfule, ils avoient

Saut de
Leucade.

élevé un temple dédié à Apollon; ils y célébroient tous les ans un sacrifice d'hommes vivans, choisis parmi les criminels dignes de mort. On couvroit leurs corps de plumes suspendues, & on les attachoit par des cordes à de gros oiseaux. Dans cet état, on les précipitoit du haut du rocher : on les attendoit sur la mer au milieu des flots, où ils étoient reçus, garantis & sauvés. Après les avoir retirés ainsi, on les habilloit d'étoffes grossières, ensuite on les chassoit & bannisoit du territoire. C'est de ce même rocher de Leucade que Sapho s'élança pour éteindre dans les eaux de la mer les feux trop ardens de ses amours infortunées.

DÉDALE.   Dédale, fuyant la colère de Minos, roi de Crète, fabriqua des aîles qui lui servirent à se sauver de même que son fils Icare. Dédale fit un trajet heureux, & arriva en Sicile. Icare s'éleva trop haut, malgré les conseils de son père : la cire qui lioit ses aîles se fondit aux rayons du soleil, & il tomba dans la mer, auprès d'une petite île voisine de Samos, qui n'avoit point de nom alors, & qui reçut celui d'Icarie. C'est ainsi que les poëtes ont rendu presqu'entièrement fabuleux ces faits; ils leur ont servi à peindre les dangers & les écarts de la présomption, de la témérité & de l'ambition. Tout intéresse dans

Dédale ; fon art, fa fuite, fes voyages & fes malheurs lui ont mérité une grande célébrité. Je rapporterai donc dans une courte digreffion les principaux traits de fa vie.

Dédale, né à Athènes, de race royale & de la famille des Métionides, étoit un célèbre fculpteur. Son caractère violent l'emporta à un tel excès que, dans un moment de colère , il tua Calus fon neveu, fils de fa fœur & fon difciple , dont le tombeau fubfiftoit encore du tems de Paufanias. Pour éviter la punition que les loix lui décernoient, il prit la fuite & fe retira dans l'île de Crète. Il eft vraifemblable qu'il paffa d'abord en Egypte , où il dirigea fur fes deffins, la conftruction du plus magnifique portique du temple de Vulcain, par ordre du roi Mœris ou Myris. Il y fit auffi, au rapport de Platon, d'Ariftote , d'Homère , &c. des ftatues qui marchoient à volonté , & des trépieds de Vulcain , qui faifoient divers mouvemens. De retour dans l'île de Crète, il y travailla à faire conftruire le célèbre labyrinthe par ordre de Minos. Il imita celui qui étoit en Egypte dans le gouvernement d'Héracléopolis , mais en le réduifant avec beaucoup d'art ; celui-là étoit un des plus grands & des plus étonnans édifices qui aient jamais fubfifté fur la terre. Dédale s'occupa enfuite à faire des fta-

tues & des bas-reliefs pour Minos & pour ſes filles;
mais il encourut ſa diſgrace , ſoit pour avoir
favoriſé les amours de Taurus, général d'armée,
& de Paſiphaé , ſoit pour avoir facilité l'élargiſ-
ſement & la fuite de Théſée. Minos ayant mis
la tête de Dédale à prix, il réuſſit à s'embar-
quer avec ſon fils Icare , chacun ſur un eſquif
ou bâtiment léger. Il avoit eu la précaution de
les pourvoir de toiles , & il en fit des voiles,
dont il fut l'inventeur, pour lui & pour Icare.
Ils n'eurent pas plutôt pris le large , que Minos
envoya pluſieurs bâtimens à leur pourſuite ; mais
un vent impétueux étant ſurvenu , Dédale & Icare
hiſsèrent leurs voiles , & échappèrent aux Cré-
tois. Dédale manœuvra très-habilement & abor-
da en Sicile. Il n'en fut pas de même d'Icare,
qui périt auprès de la petite île voiſine de Samos. Hercule qui s'y trouvoit par haſard, re-
connut ſon corps , & lui donna la ſépulture.
Dédale l'ayant appris, lui conſacra, par recon-
noiſſance, une ſtatue. Pauſanias l'a vue , ainſi
que pluſieurs autres de Dédale , qui ſubſiſtoient
encore de ſon tems. Elles étoient bien éloignées
de la perfection de celles des grands maîtres
qui lui ont ſuccédé ; cependant elles annon-
çoient le génie de leur auteur, & elles expri-
moient la majeſté des dieux.

Dédale n'avoit pas été le premier qui eût fait des statues ambulantes. L'invention en est attribuée à Hermès, ou Mercure Trismégiste, conseiller d'Isis, grand-prêtre, possesseur de tous les arts & de toutes les sciences, instituteur des mystères, & de cette école des prêtres égyptiens, où la plupart des anciens philosophes alloient puiser leur instruction. La mémoire de cet homme étonnant est tout ce qui nous reste de lui. Ses hyérogliphes sont inintelligibles. La bibliothèque d'Alexandrie où ses ouvrages étoient déposés, est détruite ; & ceux qui se font annoncés pour en avoir recouvré quelque partie, ont été presque tous reconnus pour imposteurs.

La science des prêtres égyptiens étoit sans doute très-profonde ; mais, par une terrible fatalité, elle devoit être secrète, parce que le dogme affreux, que le peuple doit être trompé, étoit établi & soutenu sur des fondemens inébranlables en apparence. Avoient-ils quelques connoissances relatives à l'idée du vol ? Nous ne pouvons le découvrir qu'en jetant les yeux sur quelques effets de ces moyens inconnus d'illusion & de supercherie dont ils se servoient pour tromper le vulgaire.

Les statues mouvantes n'entrent point dans cet examen. Il n'en est pas de même des oiseaux

PRÊTRES EGYPTIENS.

voltigeans & chantans que l'on voyoit dans le temple de Sérapis, auprès du tombeau & de la ſtatue de Memnon. Ces oiſeaux produiſoient des ſons touchans & plaintifs, rappelant les regrets de la perte de Memnon. La ſtatue étoit de baſalte, de taille gigantesque, repréſentant un jeune homme preſqu'adoleſcent, & elle rendoit, comme l'on ſait, des ſons harmonieux de harpe & de voix humaine, lorſqu'elle étoit frappée des rayons du ſoleil.

Oracle d'Hiéropolis. La manière dont Lucien raconte que les oracles ſe rendoient au temple d'Hiéropolis, mérite d'être rapportée. L'oracle étoit une ſtatue ou une figure automate. Lorſqu'elle devoit prononcer l'oracle, elle commençoit à ſe mouvoir ſur ſon trépied. Les prêtres l'enlevoient, &, s'ils ne le faiſoient pas, elle paroiſſoit ſe beaucoup fatiguer, & elle s'avançoit au milieu d'eux, qui, allant au-devant, la prenoient & s'en chargeoient. Enfin, le grand-prêtre l'interrogeoit ſur toutes ſortes de ſujets : ſi elle ne vouloit pas répondre, elle rétrogradoit : ſi elle y conſentoit, elle pouſſoit en avant ſes porteurs comme un cocher ſes chevaux. Ils recueilloient ainſi les oracles & ne faiſoient aucune choſe ſacrée ou privée ſans cette cérémonie. Lucien ajoute : « je ra
» conterai ce que j'ai vu moi préſent. Les prêtres

» portoient l'oracle élevé, l'oracle les quitta & fe
» foutint lui-même dans l'air ».

Les mélanges tirés d'une grande bibliothèque BALDUD.
PP. livres de géographie & d'hiftoire, imprimés
au feizième fiècle, tome VII, contiennent un
exemple malheureux d'une très-ancienne imitation des aîles prétendues de Dédale. Il y eft
cité comme extrait des grandes chroniques &
annales de Bretagne. Un certain roi Brutus pafla
en Bretagne & lui donna fon nom. Ce pays fut
gouverné par la poftérité de ce premier Brutus,
à ce que rapportent ces annales, & elle produifit
plufieurs grands hommes, entr'autres Baldud qui
étoit un fameux forcier. Il opéroit des chofes
étonnantes en fe fervant pour fes enchantemens
de fang humain ; il faifoit, pour cet effet, tuer
des hommes, mais en revanche il en reffufci-
toit d'autres, & faifoit parler & marcher des
corps morts, comme s'ils euffent été en vie.
Cependant il ne faut pas trop hafarder, même
quand on eft forcier ; il entreprit de voler en
l'air, &, s'étant élevé au - deffus d'une ville
nommée Trinovante, dont il étoit le feigneur,
il retomba fur le temple d'Apollon, & fe tua.

Ce Baldud eft le père du roi Leyre, ou Léar,
héros d'une tragédie de Shakefpear, imitée par
M. Ducis. L'illuftre éditeur des mélanges le fait

contemporain du roi David. J'ai consulté trois éditions de ces grandes chroniques de Bretagne. Elles rapprochent l'époque de Baldud de quatre siècles & demi, en la fixant au siècle de Nabuchodonofor, & elles ne font aucune mention du vol. Cela est très-indifférent, & n'augmente ni ne diminue la confiance qu'inspirent ces récits fabuleux.

ARCHY-
TAS.

Archytas de Tarente, l'un des plus célèbres géomètres de l'école pythagoricienne, vivoit quatre siècles environ avant notre ère. La grande douceur de son caractère le portoit à prendre part aux jeux des jeunes gens & des enfans. La nature de leurs plaisirs les entraînoit à des excercices dangereux; pour les en détourner & distraire, il inventa l'amusement du cerf ou du dragon volant. Il ne prévoyoit pas que cet instrument deviendroit à l'avenir aussi intéressant, tel que M. Franklin l'a rendu de nos jours par ses expériences si savantes & si surprenantes sur l'électricité & le tonnerre. Le succès de cette machine ayant répondu aux vues d'Archytas, il les porta plus loin; &, comme il étoit très-habile mécanicien, il fabriqua une colombe artificielle, qui imitoit parfaitement les mouvemens d'une naturelle; elle s'élevoit dans les airs, y planoit & retomboit sur la terre. Ce chef-d'œuvre a excité l'admiration
tion

tion de tous les fiècles qui ont fuivi ; & dans les derniers fur-tout, plufieurs favans fe font étudiés inutilement à l'imiter. Ce fait eft fi inté-reffant, que j'extrairai mot à mot ce qu'Aulu-gelle en dit dans le dixième livre & au cha-pitre 12 de fes Nuits Attiques.

Après avoir parlé de plufieurs faits incroya-bles, & qu'il n'admet point, il ajoute : « Mais ce qu'on rapporte que le philofophe Archytas a conçu & exécuté, ne paroît pas devoir être rejeté, quoiqu'il foit furprenant ; car la plupart des plus notables écrivains grecs, & Favorin, philofophe très-érudit, & verfé dans la con-noiffance des lettres grecques, ont tous affirmé qu'il avoit fait une figure de colombe en bois, qui voloit par le moyen d'un artifice mécani-que. Elle fe foutenoit ainfi fufpendue par des vibrations, & elle étoit mue ou excitée par le fouffle fecret d'un air renfermé. Il convient vrai-ment fur une chofe qui répugne fi fort à la croyance, de rappeler les propres paroles de Favorin. « Archytas, dit-il, philofophe & méca-nicien de Tarente, fit une colombe de bois qui voloit ; mais fi elle venoit à tomber, elle ne pouvoit plus fe relever ». Je reviendrai ci-après à cette colombe, en rendant compte des effais qui ont été faits pour l'imiter.

B

L'an 814 de Rome, ou le 60e de notre ère, & sous Néron, on y célébra les grandes fêtes pour l'éternité de l'empire. Un nouvel Icare s'éleva, au milieu des spectacles, très-haut dans les airs par la force de ses aîles; mais sa chûte n'en fut que d'autant plus malheureuse, il tomba & périt très-misérablement; son sang jaillit & couvrit la robe de l'empereur. Ce fait est rapporté par Suétone.

Antoine Beyerlink en cite un autre, sans en alléguer aucune autorité. A Rome, dit-il, sous les Césars, & au milieu des spectacles donnés au peuple, un homme gravit un mur comme un reptile; &, s'étant ensuite muni d'aîles, il s'éleva dans les airs & y vola comme un oiseau.

Quoique l'histoire soit assez stérile en faits concernant le vol dans ces tems-là, on ne doit pas douter que l'idée ne s'en fût conservée. Il paroît que, pour épargner la vie des hommes, on continua de s'exercer à composer des machines.

OISEAUX VOLANS. Nous en avons une espèce de preuve dans une lettre de Théodoric, roi des Ostrogots & d'Italie, écrite au célèbre & infortuné Boece. Elle est conservée dans le recueil de Cassiodore, sénateur & consul romain. Théodoric lui fait part que le seigneur de Bourgogne lui demande une horloge, & il le prie de la faire faire. Il donne les plus grands éloges à la fcience de Boece, aux arts & à tout ce qui eft du reffort des mathématiques. Parmi ces éloges, il parle d'oifeaux volans & chantans, & de plufieurs autres ouvrages ingénieux qui font dus à ces fciences.

Plufieurs fiècles après, & fous les empereurs d'Orient, on remarque Léon le philofophe, qui fit pour Théophile des oifeaux d'or, qui fautoient de branche en branche fur des arbres d'or. Ces oifeaux avoient un chant très - mélodieux, & ils faifoient l'admiration de Conftantinople. Michel, fucceffeur de Théophile, s'étant adonné aux paffions & aux plaifirs les plus vils, les fit fondre pour en prodiguer le produit à fes infames débauches. Ces faits font rapportés par Michel Glycas, & par Conftantin Manaffé.

Un bruit abfurde fe répandit à peu près dans le même tems à Lyon & dans les provinces voifines, que les récoltes étoient détruites & perdues par des enchanteurs; & que, comme tout ce qui eft perdu doit fe retrouver, ces enchanteurs en avoient le fecret. Ils favoient exciter la grêle, la foudre & les tempêtes pour ruiner & détourner les biens de la terre, & ils faifoient trafic de leur art en vendant les bleds gâtés à des habitans d'un certain pays appelé Magonie. Ces gens-là, difoit-on, venoient tous les ans

OISEAUX DE LÉON.

NAVIRES AÉRIENS.

par le milieu des airs avec des navires, pour charger tous les grains gâtés par la tempète, dont ils payoient le prix aux enchanteurs. Trois hommes & une femme inconnus pafsèrent alors à Lyon ; le peuple s'imagina qu'ils étoient magoniens, & qu'ils feroient tombés de leurs navires. Il les faifit, les maltraita & les chargea de fers. Ils furent préfentés quelques jours après pardevant Agobard, évêque de Lyon, comme des criminels dignes d'être lapidés. Après bien des difcours & des raifonnemens, la vérité fut victorieufe, & les accufateurs demeurèrent confus. Agobard compofa à cette occafion, en 833, un traité pour diffuader le peuple de cette erreur & de plufieurs autres. Ils croyoient auffi que Grimaud, duc de Benevent, ennemi de l'empereur Charles, avoit envoyé des hommes qui répandoient des poudres fur les champs, les montagnes, les prés & les fontaines, pour empoifonner & faire périr les bœufs. Le docte évêque finit fon traité par ces paroles remarquables. « Une fi grande folie accable déjà le miférable monde, que les chrétiens ajoutent foi maintenant à des chofes fi abfurdes, que qui que ce foit n'auroit pu les perfuader ci-devant aux payens mêmes ».

Cette époque d'ignorance où les hommes fe

trouvèrent plongés , fubfifta pendant plufieurs fiècles. Les fciences fe relevèrent un peu au treizième. Roger Bacon , qui y vivoit , eut des droits à une grande réputation. Ce moine anglois compofa plufieurs ouvrages. Il traite dans celui de l'admirable Puiffance de l'Art & de la Nature , de plufieurs inventions très-remarquables. On peut conftruire , y dit-il, des bateaux pour aller fur l'eau fans rameurs ; des grands vaiffeaux navigeans fur la mer, conduits par un feul homme , avec plus de vîteffe que ceux remplis de matelots; des chariots fe mouvant avec efforts ineftimables fans animaux. « Auffi , continue-t-il , peuvent être faites des machines pour voler, où l'homme , étant affis dans le centre , tourneroit quelque manivelle qui mettroit en mouvement des aîles faites & compofées artificiellement pour battre l'air à la manière des oifeaux ». Cette defcription a fait dire, écrire , répéter & imprimer que Roger Bacon étoit l'inventeur d'une machine propre au vol. On s'en diffuaderoit en continuant la lecture de quelques pages fuivantes. Il y affure qu'il eft certain qu'il y a un inftrument pour voler, quoiqu'il ne l'ait point vu , & qu'il n'ait connu aucun homme qui l'ait vu ; mais qu'il connoît très-bien par nom & furnom le fage qui a in-

ROGER BACON.

venté cet artifice. Le treizième fiècle étoit encore bien favorable à la crédulité. Bacon n'a
vu ni connu perfonne qui ait vu ou connu cette
machine, & cependant il y ajoute foi ; il eft
certain de fon exiftence ! Quoi qu'il en foit, la
defcription qu'il en fait eft affez conforme aux
idées de M. Blanchard, qui, malgré fon adreffe
& de longs travaux, n'a pas pu réuffir à la faire
quitter la terre, mais qui, par contre, fe livrant
à la théorie de MM. Montgolfier, a furpaffé
en élévation extrêmement tous fes prédéceffeurs
dans les routes de l'air.

Roger Bacon a fait des miroirs ardens. On
lui attribue l'invention de la lanterne magique,
& une tête de fer parlante. Il a joui de beaucoup de réputation dans la fcience des fecrets
hermétiques. On attribue à Albert Groot ou
le Grand, fon contemporain, une automate
bien fupérieure à fa tête parlante. C'étoit une
figure d'homme qui marchoit, articuloit & pro-
nonçoit des mots. Albert l'ayant finie, la fit
entrer de nuit dans la chambre de Thomas
d'Aquin, fon écolier, qui repofoit couché dans
fon lit. L'automate lui ayant parlé, il en fut
fi épouvanté, qu'il prit un bâton & la mit en
pièces. Le bruit attira Albert, qui voyant ce
défaftre, fe contint, & dit feulement à Tho-

mas : Tu viens de détruire l'ouvrage de trente ans. Il faut avouer que , fi ce fait eft vrai , Albert le grand a donné un exemple mémorable d'une douceur & d'une tranquillité parfaite.

Les apologiftes du vol avec le fecours des aîles , ont été en grand nombre ; mais leur opinion n'a enfanté que des victimes. On diftingue fur-tout parmi eux Jean-Baptifte Van-Helmont & Frédéric-Herman Fleyder. Van-Helmont prononça à Bruxelles, en préfence de l'infant don Emmanuel de Portugal , une differtation fur l'art de voler. Caramuel , qui y affifta, rapporte que Van-Helmont y employa tant d'érudition , d'éloquence & de chaleur , que tous fes auditeurs en furent émus & convaincus à un tel point , qu'au fortir de là , il leur paroiffoit à tous qu'ils n'avoient qu'à fe munir d'aîles aux mains & aux pieds pour pouvoir voler.

Van-Helmont.

Fleyder prononça une autre differtation en 1627, le 5 feptembre, à l'académie de Tubinge, en préfence du magiftrat, & il y foutint la même propofition. Cependant tous les exemples qu'il cite des gens qui ont tenté de s'exercer à cet art , font malheureux. Je n'en rappellerai que quelques-uns des principaux. Alvare Guttieres de Torres de Tolède a fait un recueil de chofes merveilleufes. On y trouve qu'un

Fleyder.

moine, nommé Elmerus de Malameria, jeune
homme très-favant & très-docte, avoit effayé
cet acte ; il avoit adapté à fes mains des aîles,
très-affuré de pouvoir voler, parce qu'il ajoutoit
foi à l'hiftoire de Dédale. Cela fait, il s'élança
du haut d'une tour en prenant le vent, & il
réuffit à parcourir une étendue de cent vingt-cinq
pas ; mais foit par l'impétuofité & le tourbillon
des vents, foit par la crainte que fon audacieufe
entreprife lui infpira, il tomba par terre en fe
caffant les reins, & il traîna depuis lors une
vie malheureufe & languiffante, attribuant fa
difgrace à ce qu'il n'avoit pas attaché une queue
à fes pieds. Le même malheur eft arrivé à un
moine anglois, Olivier de Malmesburi, & il y
a apparence qu'Elmerus de Malameria en eft
dérivé par les changemens furvenus dans des
traductions de traductions. Jean Erneft Burgrave rapporte, dans fon Armure Vulcanienne (Pa-
noplia Vulcaniana), qu'un vieillard, chantre à
Nuremberg, s'étoit élevé dans l'air avec le fecours de deux aîles, & qu'ayant atteint une
affez grande hauteur, il tomba, foit par quelqu'imprudence, foit que des roues qui faifoient
mouvoir fes aîles fe fuffent caffées, & fe rompit les bras & les jambes. Burgrave ajoute que
le même événement étoit arrivé à Paris. Cepen-

dant les apologiftes du vol perfiftoient & allé-
guoient que le défaut de fuccès dans un art,
n'eft pas une preuve de fon impoffibilité, &
que l'ignorance pouvoit feule en induire une
telle conféquence; que l'art de voler étoit fi
utile aux hommes, qu'ils ne devoient point fe
décourager; que la ville de Leide avoit été fau-
vée par des colombes dreffées à l'ufage de porter des lettres, & que des hommes pourroient
rendre mieux ce fervice, & de beaucoup plus
grands; que des poiffons, & même des reptiles, ont la faculté du vol; que l'homme manque d'aîles & de plumes, mais qu'il lui eft très-
aifé de s'en procurer; fa pefanteur ne doit
pas être confidérée comme un obftacle abfolu.
L'aigle eft fingulièrement pefant, & n'a pas des
aîles qui y foient proportionnées; la cigogne
eft encore bien plus difproportionnée à cet égard,
& elle s'élève toutefois très-haut. Les oifeaux
de proie s'élèvent non-feulement à de grandes
hauteurs, mais ils fondent fur la terre, & en
emportent des victimes d'un poids très-lourd.
Ces apologiftes confeillent donc pour réuffir,
de choifir, parmi des enfans, ceux qui annon-
cent beaucoup d'adreffe, de foupleffe & la plus
grande agilité. Accoutumez-les, difent-ils, de
bonne heure aux périls; attachez-leur des aîles

aux épaules & aux mains ; mettez à leurs pieds d'autres aîles faites fur le modèle des pattes des oies ; prenez l'enfant entre vos bras , & élevez-le dans l'air ; commencez à lui faire développer fes aîles en le foutenant , lâchez-le enfuite ; & fi vous remarquez qu'il tombe , accourez à lui, & relevez-le ; continuez de jour en jour à lui faire faire ce même exercice , il y acquerra peu à peu de nouvelles forces , une aptitude admirable , & l'expérience le rendra d'une habileté incomparable. « Telle eft , dit Fleyder, la condition des mortels , que tous les arts dans ce fiècle fe font fouverainement perfectionnés. Combien de chofes manquent à l'homme à fa naiffance ! Jetté dans l'amphithéâtre de ce monde fans bec pour mordre , fans dents pour ronger , fans cornes pour frapper , fans ongles pour déchirer , il lui manque auffi des aîles pour voler. Il répare toutefois très-aifément par l'art & par la prudence tout ce que la nature lui refufe; & il pourvoit, par le fecours de fes mains, à tous les inftrumens qui lui font refufés. Par elles , il déchire, il frappe, il met en pièces, il nage & il volera. Puifqu'il lui eft accordé de jouir de l'odorat du vautour, de l'ouie du renard, de l'odorat & de l'ouie du chien, du goût de la poule , de la vue de l'aigle, du tact des limaçons & des huîtres, de la courfe du lièvre, & de l'art de nager du poiffon ; pourquoi, s'écrie Fleyder, l'art du vol de l'oifeau lui man-queroit-il ? Qu'eft-il néceffaire d'avoir recours au char de Triptolème, aux dragons de Médée, aux aîles de Perfée ou de Dédale ? » Le bon Fley-der finit très-dévotement, en ajoutant que nous avons d'ailleurs les aîles de la foi, par lefquel-les nous pouvons voler au ciel.

Cuperus, dans fon traité de l'Excellence de l'Homme, cite Léonard de Vinci comme étant parvenu à pratiquer l'art du vol ; mais rien ne conftate ce fait. Léonard de Vinci, peintre cé-lèbre, fut un des plus habiles hommes de fon tems. Il poffédoit les belles-lettres, plufieurs arts, les mathématiques, l'architecture, l'anato-mie, & il étoit amateur de la poëfie & de la mufique. Ce font affez de titres qui l'honorent, fans y en ajouter un chimérique. Léonard
de Vinci.

Reyher obferve, dans une differtation fur l'air, que pour parer à la foibleffe des muf-cles de la poitrine de l'homme, on pourroit em-ployer une mécanique très-fimple, par laquelle les mains, fans s'allonger, & en les retirant à foi, agiteroient les aîles; ainfi, la main droite imprimeroit le mouvement de l'aîle gauche, & la main gauche celui de l'aîle droite, par des Reyher.

cordes qui feroient difpofées à cet effet. Il con-
feille de plus, de ne pas imiter les aîles des oifeaux, mais celles des chauve-fouris, des poiffons, ou des reptiles volans.

Paul Guide Burghefius a traité de quatorze
arts, par lefquels l'homme peut fe procurer du
pain & les autres fecours néceffaires à la vie,
& il y a compris celui de voler ; mais Jean-Vic-
tor Roffi, dont les ouvrages font fous le nom de
Janus Nicéus Erythreus, obferve que ce traité
n'a jamais procuré à qui que ce' foit le moyen
de calmer fa faim, ni aucun autre fecours.

VILKINS.   Jean Vilkins a differté fur le vol dans fa Ma-
gie mathématique, imprimée à Londres en
1648. Il croyoit à fa poffibilité & à celui de
Dédale. Il croyoit auffi que l'on pourroit fe
faire traîner dans les airs par des oifeaux, en
les choififfant dans les plus groffes efpèces, &
en les élevant pour cette deftination. Le moyen
cependant qui lui agrée le plus, & dont le
fuccès lui paroît affuré, eft celui du chariot,
imaginé, fuivant lui, par Roger Bacon. Il ne
fe refufe pas à fentir les objections qui s'élèvent
contre ce projet; favoir, celle des forces néceffaires pour vaincre la légèreté de l'air, & enfuite
fi les forces des navigateurs feront fuffifantes
pour produire le mouvement. Il convient que

ces difficultés peuvent paroître invincibles , mais cela ne doit pas , dit-il , décourager , ni ôter la confiance & l'efpérance du fuccès.

Un des hommes qui auroit le mieux réuffi à fabriquer des bonnes aîles , & à s'en bien fervir , feroit Jean-Baptifte Dante de Féroufe , fi fon hiftoire n'eft point exagérée. Il effaya ces aîles plufieurs fois fort heureufement , & il étoit même parvenu à paffer un bras du lac de Trafimène ; mais ayant voulu en donner le fpectacle à fes concitoyens pendant la folemnité du mariage de Barthelemi d'Alviane , & s'étant élevé très-haut au-deffus de la place , le fer avec lequel il dirigeoit une de fes aîles fe rompit , & il tomba fur le toît de l'églife de Sainte-Marie où il fe caffa une cuiffe.

Le Journal des Savans, du 12 feptembre 1678, contient l'extrait d'une lettre écrite à M. Toinard , fur une machine d'une nouvelle invention pour voler. Elle avoit été conftruite par le fieur Beinier , ferrurier de Sablé, au Pays du Maine , avec quatre aîles. Ces aîles étoient chacune un châffis oblong de taffetas , attachées à chaque bout de deux bâtons que l'on ajuftoit fur les épaules. Ces châffis fe plioient du haut en bas comme des battans de volets brifés. Ceux de devant étoient remués par les mains , & ceux de derrière par les pieds en tirant chacun une ficelle qui leur étoit attachée.

L'ordre du mouvement étoit tel, que quand la main droite faisoit baisser l'aîle droite de devant, le pied gauche faisoit remuer l'aîle gauche de derrière, ensuite la main gauche & le pied droit faisoient baisser l'aîle gauche de devant & la droite de derrière.

Ce mouvement en diagonale paroissoit très-bien imaginé, parce que c'est celui qui est naturel aux quadrupèdes & aux hommes quand ils marchent, ou lorsqu'ils nagent. On trouvoit néanmoins qu'il manquoit deux choses à cette machine pour la rendre d'un plus grand usage; la première, qu'il faudroit y ajouter une grande pièce très-légère, qui, étant appliquée à quelque partie choisie du corps, pût contre-balancer dans l'air le poids de l'homme; la seconde que l'on y ajustât une queue qui servît à soutenir & à conduire celui qui voleroit; mais on trouvoit bien de la difficulté à donner le mouvement & la direction à cette espèce de gouvernail, après les expériences qui avoient été inutilement faites autrefois par plusieurs personnes.

La première paire d'aîles sortie des mains du sieur Beinier, fut portée à la Guibré, où un baladin l'acheta & s'en servit fort heureusement. Beinier travailla ensuite à une nouvelle paire, qu'il espéroit de perfectionner & de rendre plus achevée que la première.

Il ne prétendoit pas néanmoins de pouvoir s'élever de terre, ni se soutenir fort long-tems en l'air, à cause du défaut de forces & de vîtesse qui font nécessaires pour agiter fréquemment & efficacement ces sortes d'aîles, ou, en terme de volerie, pour planer; mais il assuroit qu'en partant d'un lieu médiocrement élevé, il passeroit aisément une rivière d'une largeur considérable, l'ayant déjà fait de plusieurs distances & de différentes hauteurs. Il commença d'abord par s'élever de dessus un escabeau, ensuite de dessus une table, après d'une fenêtre médiocrement haute, puis d'un second étage, & enfin d'un grenier, d'où il passa par-dessus les maisons de son voisinage; &, s'exerçant ainsi peu à peu, il mit sa machine dans l'état où elle étoit alors.

Le même Journal fait mention d'un nommé Bernoin, qui se cassa le col, en volant à Francfort, en 1673; ce qu'on a vu arriver plusieurs fois dans Paris, entr'autres à Allart, & dans d'autres endroits.

J'arrête ici l'énumération fastidieuse & peu instructive des tentatives infructueuses & des événemens malheureux causés par l'imitation des prétendues aîles de Dédale, & je paſſe aux efforts également inutiles faits pour imiter le vol de la colombe d'Archytas.

COLOMBE D'ARCHY-TAS.

Il eſt à propos de rappeler les deux textes d'Aulugelle & de Favorin. *Ita erat ſilicet libramentis ſuſpenſum & aura ſpiritus incluſa atque occulta concitum.... Archytas Tarentinus philoſophus, pariter ac mechanicus vir, columbam ligneam fecit volantem, quæ ſi unquam ſubſediſſet, præterea non exurgebat.*

Il faut expliquer auſſi ce que l'on entendoit alors par les mots de *ſpiritus* & d'*aura*. Pline, dans ſon Hiſtoire Naturelle, livre 2, chapitre 5, s'exprime ainſi : « Perſonne, que je ſache, ne regarde comme douteux que les élémens ſont au nombre de quatre, que le feu occupe entre eux la plus haute place, étant la ſource de l'éclat dont brillent ces étoiles innombrables qui ſont dans le ciel comme autant d'yeux étincelans ; que cet eſprit ou ſoufle que les Grecs, ainſi que nous, appelons les airs, eſt ſitué auprès & au-deſſous ; qu'il a une vertu vitale, qui s'inſinue par-tout ; qu'il eſt mêlé à toutes les parties de la matière », &c.

La colombe étoit donc de bois & elle voloit, mais lorſqu'elle tomboit à terre, elle ne pouvoit plus ſe relever. Son vol étoit produit par

des

des vibrations que le fouffle d'un air renfermé & caché excitoit.

Il s'élève une difficulté qui a partagé les commentateurs : ce *fpiritus*, cet air étoit-il raréfié, ou étoit-il condenfé ? Raréfié, il allégeoit le poids de la colombe, & il en fortoit par fa légèreté. Condenfé, il en fortoit avec effort & produifoit le mouvement des vibrations des aîles.

Jean-Baptifte Porta a traité du dragon volant d'Archytas, & il prefcrit la manière de le conftruire. Le père Martin Martini l'avoit affuré que les chinois le connoiffoient & en pratiquoient l'ufage. On peut, dit-il, trouver dans ces inftrumens divers principes ingénieux applicables au vol, en s'y exerçant peu à peu dès l'enfance. Si quelqu'un, ajoute-t-il, ie trouve abfurde, qu'il confidère la colombe d'Archytas. Elle paroît agir volontairement & exécuter par elle-même, ce que les enfans exigent du dragon & lui font faire. Il eft ainfi d'avis que l'homme peut voler, comme cette colombe voloit.

Le père Laurette Laure eftime qu'on peut procurer le mouvement des aîles de la colombe en renfermant dans fon corps un air condenfé, qui fortant avec effort, agiteroit des aîles de plumes, comme le vent enfle les voiles. Si alors,

PORTA.

LAURETTE LAURE.

C

dit-il, la machine eſt bien lancée, en lui imprimant un mouvement au milieu du vent ou de l'air, il croit que la colombe aura un vol heureux. Le même Laure indique deux autres moyens pour obtenir ce vol.

Premier. Si l'on expoſe, dit-il, aux rayons du ſoleil des œufs vuidés & contenant de la roſée du matin bien renfermée, ils s'élèvent en l'air, & ils s'y ſoutiennent pendant quelque tems. Si donc, on choiſiſſoit des œufs des plus grands cygnes, ou que l'on fît des ſacs d'une peau très-mince, bien couſus, & qu'on les remplît de nitre, de pur ſoufre, de vif-argent, ou de quelqu'autre matière ſemblable qui ſe raréfie par la chaleur, il faudroit enſuite les revêtir extérieurement conformément à la figure des colombes. En les expoſant au ſoleil, ces colombes artificielles imiteroient peut-être le vol des naturelles.

Second. Si l'on veut que la colombe ſoit de bois, grande & peſante, & qu'elle puiſſe voler, invoquons, employons le feu : *Adhibeamus ignem.* Si l'on craint l'incendie, que la colombe ſoit revêtue d'asbeſte, ſoit de lin incombuſtible; qu'on y inſère des tubes d'étain dans leſquels le feu puiſſe agir innocemment; que l'on faſſe un enduit d'orpiment délayé dans du beurre avec des ſels, pour empêcher l'embraſement que les étincelles pourroient produire ; que l'on forme un gofier, afin que le fon en y paffant, imite les gémiffemens des colombes ; qu'on muniffe la machine de plufieurs tubes qui s'allumeront les uns après les autres, afin que, fi elle vient à tomber, elle puiffe fe relever.

Le père Schott a critiqué ces idées fantaftiques de Laure, & il eft d'avis que cette machine imiteroit bien mieux les fauts d'une chèvre que le vol d'une colombe. On remarquera ici combien il eft aifé d'abufer les hommes, lorfqu'on fe permet des citations détachées & mal appliquées ; car ifolons ces mots : *Si l'on veut une grande machine, employons le feu ;* il feroit aifé de perfuader que le père Laure a connu l'un des principaux moyens de MM. de Montgolfier, cependant il en étoit bien éloigné, puifque fa grande, fa vafte machine n'étoit que la figure d'une groffe colombe.

Jérôme Cardan dit qu'on fait fouvent cette queftion : La colombe d'Archytas a-t-elle pu voler, comme on l'affure, par fes propres forces ? car on a vu des ftatues marcher fur la table par le moyen de rouages cachés ; on a vu un oifeau artificiel voler, étant excité par une corde ; mais jamais fans un fecours extérieur. Il eft très-difficile, à fon avis, d'y parvenir, parce que

SCHOTT.

CARDAN.

C ij

ce qui produiroit le mouvement doit lui être ajouté, & feroit un furcroît de pefanteur. Il croit cependant qu'on peut vaincre cette difficulté en lançant la colombe en l'air par un grand vent, garnie de grandes aîles & munie de bons rouages. Il faut, pour cet effet, que fon corps foit très-léger, fes aîles très-grandes, fes rouages bien trempés & un grand vent. Cardan ajoute qu'on pourroit faire voler la colombe par la force du feu, mais que fon vol feroit de peu de durée, parce que le feu deffaudroit trop promptement; il lui faut trop de matière pour l'entretenir, & le poids de l'aliment ne permet pas de l'en beaucoup charger.

SCALIGER.   Jules-Céfar Scaliger étoit un des plus redoutables antagoniftes de Cardan. Il lui répondit dans fon livre de la Subtilité, exercice 326 : « Combien tes rêveries fur l'art de voler ne nous » paroiffent-elles pas dignes de mépris ? Que » n'as-tu pas écrit de même fur le mouvement » perpétuel ? Il y a de la folie à enfeigner des » chofes qui ne peuvent point réuffir ; cet éga- » rement me paroît incroyable. Et moi auffi, » continue Scaliger ironiquement, je vais imi- » ter en paroles la colombe d'Archytas ». Son projet a été cité par M. Faujas de Saint-Fond, page 30 de fa Préface, pour y relever la peau de baudruche dont l'emploi y est indiqué.

Honoré Fabri estime que l'on peut faire voler la colombe par le moyen de différens tubes remplis de matières combustibles ; il porte ensuite ses vues bien plus loin ; il propose de construire une grande machine pour faire voler un homme par l'effort d'un air comprimé. Il faut, dit-il, pour cet effet, comprimer extrêmement cet air dans un grand tube, afin qu'il puisse, en sortant, produire assez de force pour élever un très-grand poids ; attachez-y un gouvernail & un siège où l'homme se placera ; cet homme lâchera l'air qui l'enlèvera, & il se promènera dans l'espace à volonté. Lorsque le mouvement sera imprimé, il fermera le tube avec un piston forcé par une vis, & il le rouvrira dès que le mouvement se ralentira, afin de pouvoir en jouir pendant plusieurs heures. Fabri ajoute que cela est vrai en théorie, mais il ne voudroit pas être la cause qu'on en essayât la pratique & qu'on s'exposât au péril ; il prétend seulement qu'on conçoive combien la force de la compression de l'air est excessive, n'y ayant presque rien dans la nature qui ne puisse être tenté par son moyen.

Ces idées singulières tombent d'elles-mêmes ; car, si on les soumettoit à l'expérience, il est très-certain que l'air sortiroit du tube avec une grande

impétuofité ; mais il l'eft auffi que ce tube refteroit par terre , & qu'il n'exerceroit aucune action
fur lui-même.

Lana. Le père François Lana a abondé en projets
pour imiter la colombe d'Archytas. Conftruifez-
la avec les matières les plus légères. Que fes
aîles foient de plumes arrangées & difpofées pour
recevoir l'impreffion du vent ; attachez-les au
milieu du corps , de manière que leurs vibrations puiffent être promptes & aifées ; placez au
milieu de fon corps des roues qui recevront leur
mouvement d'un reffort pareil à ceux dont les
horlogers fe fervent ; mettez auprès de la dernière de ces roues de petits foufflets qu'elle fera
hauffer & baiffer , en forte que , lorfque l'un fe
vuidera , l'autre fe remplira ; que le vent de ces
petits foufflets forte par deux tuyaux qui abou-
tiffent fous les aîles & les flancs de la colombe
avec quelqu'interruption , afin qu'elles puiffent fe
débattre , réfifter à l'air & fe foulever pour produire le vol de la machine , qui durera auffi
long-tems que le mouvement des roues & des
foufflets.

Second moyen. Faites agir les mêmes roues
immédiatement fur les aîles avec un mouvement
proportionné à la pefanteur de la machine , afin
qu'il fuffife pour l'élever en l'air & pour la faire voler.

Troifiéme moyen. On pourroit encore con-
denfer ou comprimer violemment l'air dans une
veffie ou dans un vafe de verre renfermé dans
le corps de la colombe; on ouvriroit le vafe par
une foupape qui laifleroit échapper l'air que deux
tuyaux dirigeroient fous les aîles; elles en feroient
agitées , mais ce mouvement feroit d'une très-
courte durée.

Quatriéme moyen. Faites élever l'oifeau dans
l'air par le même moyen qu'on y fait élever des
œufs imbibés en dedans de rofée & expofés aux
rayons du foleil. Renfermez donc dans le corps
de l'oifeau un œuf ou une veffie pleine d'une
liqueur très-fubtile , qui étant raréfiée par la chaleur du foleil, parviendra à le foulever.

Le mot employé par Lana eft *liquore fottilif-
fimo* , & on peut le traduire par liqueur , air ,
ou fluide très-fubtil. On en tirera , fi l'on veut,
des conféquences en faveur de ce moyen; mais
il faudra convenir qu'elles feroient forcées ; car
il n'y a aucune efpèce d'air ou de fluide , quelque fubtil qu'il foit poffible d'imaginer , qui fît
équilibre avec l'air déplacé à caufe de la pefanteur de la veffie ou de l'œuf, en y joignant les
enveloppes qui figureroient les aîles & le corps
de la colombe.

Je ne continuerai point de rapporter d'autres

projets auſſi vains que ridicules, mis au jour pour l'imitation de cette colombe. Ils ſe reſſem-blent tous à quelques légères nuances près, qui n'ajoutent rien à l'eſpoir du ſuccès, & je me rangerai d'ailleurs aſſez volontiers au ſentiment de pluſieurs auteurs qui ont eſtimé qu'elle n'a-voit jamais ſubſiſté réellement, & que ce qui en étoit rapporté devoit être attribué au dragon volant.

Ces exemples d'exagération ſont très-communs En voici un qui concerne notre colombe. KIRCHER. Le jéſuite Athanaſe Kircher, ſi connu par ſon imagination & ſon eſprit d'invention, appliqué à contrefaire les chef-d'œuvres des anciens, avoit réuſſi à faire élever la colombe, non par ſoi, mais par un moyen extérieur d'illuſion. Il fit une petite ſtatue d'Archytas qui tenoit dans ſa main une ficelle à laquelle la colombe étoit attachée. Un rouage agitoit ſes aîles. Elle étoit ſuſpendue dans l'air par l'action d'une très-groſſe & forte pierre d'aimant dont le mouvement la faiſoit tourner autour d'un cadran placé contre le mur, où elle marquoit les heures. Ce chef-d'œuvre excita l'admiration des romains, & le bruit ſe répandit que Kircher avoit découvert l'art de voler, qu'il en avoit fait heureuſement l'eſſai en préſence du pape Urbain VIII, & que ce pontife lui en avoit interdit l'ufage. Ce bruit fut l'objet d'une converfation très-vive dans une affemblée de gens de diftinction. Les uns affirmoient & d'autres nioient. Un de ceux-ci fut à Kircher & le pria en grace de l'inftruire de la vérité du fait ; il ne lui demandoit point de quelle manière il voloit, mais feulement s'il voloit. Kircher fourit & l'affura qu'il n'en étoit rien. De retour au lieu de l'affemblée, ceux qui foutenoient l'affirmative reftèrent dans leur opinion, en difant que le pape avoit non-feulement défendu à Kircher de voler, mais même de convenir qu'il en connût les moyens. Cette anecdote eft rapportée par le jéfuite Schott.

Voici un exemple bien plus frappant encore de la facilité avec laquelle des erreurs femblables peuvent s'accréditer. Sixte, évêque de Ratisbonne, Athanafe Kircher, Jean-Baptifte Porta, Schott, Gaffendi, Lana, & plufieurs autres auteurs, affurent tous que l'empereur Charles-Quint s'étant rendu à Nurenberg, Regiomontanus y avoit lancé du haut d'une des portes de la ville une aigle qui vola à une grande diftance fur la route au-devant de cet empereur ; qu'au moment où elle le rencontra, elle fe revira & l'accompagna toujours en battant des aîles au-deffus de fa tête jufques dans l'intérieur de la ville. Ce fait eft

REGIO-
MONTANUS.

fuperbe, merveilleux & incroyable ; mais qui
plus eft, il n'a pas pu être vrai ; car Regiomontanus, né en 1436, mourut en 1475, & la naiffance de l'empereur Charles-Quint date en 1500.
Il eft bien fingulier que tous ces graves auteurs
aient répété une telle abfurdité à l'envi les uns
des autres, fans s'appercevoir de fon anachro-
nifme.

Le nom propre de Regiomontanus étoit Mul-
ler. Il fut élève de Purbach, aftronome, géomètre & mécanicien. Ce maître étoit très-habile, mais fon difciple qu'il chériffoit, le furpaffa
& rendit fon nom célèbre par fes ouvrages &
par fes travaux, qui ont concouru au rétabliffement des fciences. Il travailla à la réforme du
Calendrier, & il contribua le plus au perfec-
tionnement de l'art de l'Imprimerie par l'invention de très-belles preffes qui ont toujours été
admirées jufqu'à ce jour. Il avoit fabriqué une
mouche de fer dont il faifoit fon amufement à
table. Il la jettoit en l'air, elle voloit fur la tête
des convives & retournoit enfuite fe repofer dans
fa main. Ce fait qui peut être vrai, puifqu'on
en entrevoit les moyens dans la vertu magnéti-
que, a pour garans tous les auteurs cités ci-deffus,
mais de plus, Ramus dont l'autorité eft d'un grand
poids. Les talens de Regiomontanus dans les

mécaniques, ont été le germe de ceux que les Nurenbergeois ont cultivés jufqu'à préfent pour toutes ces petites machines curieufes dont ils font un très-grand commerce, & parmi lefquelles il y en a de fort ingénieufes.

La rapidité de la courfe du char à voile de Stevin égaloit celle du vol, & lui mérite une place parmi les inventions qui ont eu cet art pour but. Ce célèbre géomètre & mécanicien le conftruifit pour le comte Maurice, prince d'Orange, qui l'éprouva en y montant après fa victoire de Nieuport, avec fon prifonnier François de Mendoza. Ils furent de Schevelingue à Putten en deux heures de tems. Cette diftance eft de 14 lieues d'une heure de chemin. L'illuftre Peirefc en fit l'expérience en 1606, & il répétoit fouvent combien la promptitude de fa marche l'avoit furpris. Elle égaloit celle du vent, car il ne le fentoit point. Le char franchiffoit les foffés qui fe rencontroient fur la route; il effleuroit les eaux ftagnantes fur lefquelles il paffoit; auffitôt que les yeux des voyageurs étoient frappés d'objets éloignés, ces objets ne tardoient pas d'être outrepaffés & derrière eux. Ces faits ont été recueillis par Gaffendi dans la vie de Peirefc.

Albert de Saxe, philofophe péripatéticien, a

STEVIN.

ALBERT
DE SAXE.

ouvert une carrière pour l'art de voler bien différente de toutes celles que je viens de parcourir.
Ses idées font grandes & elles ont été le germe
des deſſeins les plus vaſtes. Après avoir établi
que le feu eſt un élément plus pur & plus léger que l'air, il en tire cette conſéquence fondée fur la ſcience des peſanteurs, que l'air eſt
navigable au lieu où il eſt contigu au feu. Si
un navire étoit placé au-deſſus de l'air, & qu'il
fût rempli de feu, il ne ſubmergeroit point;
mais auſſitôt, ajoute-t-il, que l'air le rempliroit,
il ſubmergeroit, tout ainſi qu'un vaiſſeau étant
fur l'eau coule à fond lorſque l'eau le pénètre.
Albert de Saxe place dans la région du feu le
ſéjour des ſalamandres, des eſprits & des démons.

MENDOCA. Le père François de Mendoca, jéſuite portugais, a adopté le ſentiment d'Albert de Saxe, &
il le prouve par des argumens en forme, déduits
des raiſons que j'ai détaillées. On ne doit point,
dit-il, objecter la véhémence de la nature du
feu, parce qu'il n'eſt point capable de brûler
lorſqu'il eſt au-deſſus de l'air, à cauſe de ſa
grande rareté.

SCHOTT. Le père Schott a commenté cette opinion,
&, après l'avoir extraite, il pourſuit : « Je continue de raiſonner avec Mendoca, & j'obſerve
qu'il eſt néceſſaire que cette navigation ſoit éta-

blie au-deſſus de l'air, & préciſément à l'endroit où il touche à la région du feu, parce qu'il eſt indiſpenſable que le navire ſoit entièrement rempli de matière éthérée ; car plus bas, ſoit près de la terre, ſoit au milieu de la région de notre air craſſe, fétide & peſant, cette navigation ne pourroit pas réuſſir, cette matière·éthérée y manquant abſolument. Si une puiſſance plus qu'humaine parvenoit à remplir de cette matière éthérée un vaiſſeau conſtruit de bois ou de lames d'airain très-minces, il n'y a aucun doute qu'il y ſeroit ſoutenu ſans aucun danger d'immerſion ni d'autres périls, & qu'il pourroit y être gouverné avec des voiles ou avec des rames.

Le père Joſeph Galien, dominicain d'Avignon, a été le dernier approbateur de ce ſyſtême, & il l'a développé d'une manière fort ingénieuſe & d'un ton tantôt ſerieux, mais quelquefois badin. M. Faujas de Saint-Fond en a rendu un très-bon compte dans ſa Préface, & j'y renvoie le lecteur. Je devrois ſans doute me diſpenſer de même de revenir ſur le projet du père Lana, mais comme on le cite encore, & que l'Italie ſur-tout paroît ne s'être pas entièrement déſiſtée de ſes prétentions, je ſuis obligé de me livrer à une diſcuſſion plus étendue.

François Lana a imaginé la conſtruction d'un

JOSEPH GALIEN.

LANA.

navire tel que M. Faujas de Saint-Fond l'a fait graver & insérer dans son ouvrage des Descriptions. Il a voulu suppléer à la compensation de l'air raréfié, ou du feu d'Albert de Saxe & de ses sectateurs, par le vuide. Il fait pour cet effet soutenir son navire par quatre ballons construits avec des planches de cuivre très-mince, dans lesquels il prétend établir ce vuide. En conséquence, chacun de ces ballons est garni de deux pistons, l'un au haut, l'autre au bas. Il faudra fermer celui-ci & tenir le premier ouvert pour y introduire de l'eau jusqu'à ce que le ballon soit rempli ; fermez alors le piston supérieur, & ouvrez l'inférieur ; Lana croit que toute l'eau s'écoulera & produira le vuide, & qu'en fermant aussitôt le piston inférieur, il ne s'y introduira point d'air.

Les autres conditions attachées à cette construction, font que les planches de cuivre ne pèsent pas plus de 3 onces par pied quarré ; que les quatre ballons soient liés deux à deux par des bâtons de bois pour éviter leurs chocs ; qu'il y ait au milieu du navire un mât pour soutenir une voile, & que les hommes qui le monteront soient pourvus de rames.

Lana raisonne ensuite très-bien en se fondant sur les différentes loix des proportions des parties de la sphère, suivant qu'elles sont reconnues évidem-

ment depuis Archimède jufqu'à ce jour. Les rapports de ces parties font tels dans la progreffion
de l'augmentation de leurs grandeurs, que les
diamètres fuivent la loi des nombres naturels,
les fuperficies à celle des quarrés, & les folides
foit les quantités contenues dans la fphère, fuivent la loi des cubes. La fuperficie du diamètre
2 eft 12 $\frac{4}{7}$; fon folide eft 4 $\frac{4}{21}$. La fuperficie du
diamètre 4, eft 50 $\frac{2}{7}$; fon folide 33 $\frac{11}{21}$. Ainfi,
lorfque je double un diamètre, il faut que je
quadruple la fuperficie, & que j'octuple le folide. Il en réfulte de ces différences dans les pro-
greffions de l'augmentation des parties, qu'il eft
très-aifé de déterminer la grandeur néceffaire pour
l'objet qu'on fe propofe, & dans laquelle le poids
de la fuperficie d'une fphère produira un rapport
tel qu'il eft exigé avec le poids de la quantité de
fon folide.

Lana fuppofe un diamètre de 14 pieds par
ballon, qui produit à chacun d'eux 616 pieds
quarrés de fuperficie, & 1437 $\frac{1}{3}$ pieds cubes de
folide. Ce rapport ne lui fuffifant pas, il double la
fuperficie égale à 1232 pieds, & il quadruple le
folide égal à 5749 $\frac{1}{3}$ pieds. Il commet ainfi une
erreur digne d'un écolier, jeune & étourdi; le
diamètre d'une fuperficie de 1232 eft 19 $\frac{798}{1000}$,
& fon folide 4065 $\frac{?}{?}$; je corrige fon calcul

en fuppofant aux ballons un diamètre de 24 pieds, une fuperficie de 1810 $\frac{2}{7}$ pieds quarrés, & un folide de 7241 $\frac{1}{7}$ pieds cubes, & en me conformant aux mefures & poids de Paris, la fuperficie de chaque ballon, à 3 onces par pied, pèfera 339 liv. 6 onces, & le folide en air déplacé à 11 gros le pied cube, 622 liv. 4 onces; la légèreté des quatre ballons feroit donc de 2489 liv. & la pefanteur du cuivre 1357 liv. 12 onces. En fouftrayant la pefanteur de la légèreté, il refteroit 1131 liv. 4 onces de force afcenfionnelle pour enlever le navire, les hommes, le mât, la voile & les rames.

Tel eft le projet de Lana dans toute fon intégrité. Sturmius & plufieurs autres favans ont eftimé qu'il étoit praticable; mais il ne l'eft point, & on l'a effayé envain. D'autres favans du premier ordre l'ont reconnu impoffible, & les objections qui fe préfentent dans un examen réfléchi, démontrent la vérité de leur opinion.

1°. Une force de 1131 liv. 4 onces n'eft pas fuffifante pour enlever le navire & fes acceffoires: trois hommes, le mât, la voile, les rames, les cordes, cordages & autres articles néceffaires pour la manœuvre, pèferoient au moins de cinq à fix cens livres; & comme il faudroit réferver de foixante à quatre-vingts livres de force afcenfionnelle,

afcenfionnelle , il ne refteroit que cinq à fix cens livres environ à employer pour la conftruction du navire. Sa grandeur exigée par les places deftinées aux quatre ballons, au mat & au jeu de la voile, devroit être de 1200 pieds quarrés en y comprenant la hauteur des bords ; fa matière eft requife folide , compacte & propre à foutenir les efforts & les réfiftances ; elle pèfera donc davantage : premier motif d'exclufion.

2°. Une feuille de cuivre du poids de 3 onces par pied quarré , eft trop mince & trop foible pour foutenir l'effort de la compreffion caufée par l'air environnant des fphères d'un auffi grand volume. Le pied cube de cuivre de Suède pèfe 612 liv. ou 9792 onces, qui, divifées par 3, donnent au quotient la réduction de l'épaiffeur à $\frac{3264}{1}$, & en la divifant par 144 lignes quarrées d'un pied dont le cube eft compofé, chacune de ces lignes quarrées pefant 3 onces, n'aura que $\frac{1}{22}\frac{2}{3}$ ou $\frac{3}{68}$ parties d'une ligne d'épaiffeur. Il eft impoffible qu'une auffi extrême ténuité foutienne les efforts auxquels elle feroit foumife. Leibnitz qui a commenté le projet de Lana, s'eft borné à démontrer ce vice pour conclure, *quod fieri nequit ;* que cela ne peut pas fe faire. Second motif d'exclufion.

3°. Le moyen que Lana propofe pour opérer le vuide eſt impraticable. Il n'y en a pas même de bon à lui ſubſtituer. Il eſt très-poſitif que, lorſque le piſton ſupérieur ſeroit fermé & l'inférieur ouvert, l'eau ne s'écouleroit point, parce que la preſſion de l'air qui eſt néceſſaire pour procurer cet effet, lui manqueroit. Si on ſubſtituoit à l'eau le mercure, celui-ci s'écouleroit ; mais un petit inconvénient s'y oppoſe, car, comme Borelli l'a obſervé, il n'y a pas aſſez de mercure ſur la terre pour remplir une machine auſſi vaſte. Cette conſidération a fait conclure à ce ſavant que l'opinion de ceux qui propoſoient d'avoir recours au vuide, étoit vaine à l'extrême. Troiſième motif d'excluſion.

4°. Je ſuppoſe un inſtant que l'eau pût s'écouler, ou que l'on pût ſe procurer aſſez de mercure pour remplir un ballon de 24 pieds de diamètre ; alors ſon poids avec l'eau excéderoit cinq cens mille livres, & avec le mercure ſix millions ſept cens quatre-vingt mille livres. Quelles machines & quelles dépenſes ne faudroit-il pas pour manier de telles ſphères, & les tenir ſuſpendues? Et quel en ſeroit le but? Un voyage de quelques jours ; car il faudroit bien redeſcendre. Quatrième motif d'excluſion.

Lana avoit indiqué le moyen de deſcendre, en ouvrant les piſtons inférieurs des quatre ballons pour y donner entrée à l'air, & y détruire graduellement le principe de leur légéreté. C'est le même que MM. Robert avoient imaginé pour l'expérience des Tuileries. Il n'y a pas de doute qu'ils ignoroient que Lana l'eût dit, mais il y a lieu de s'étonner, qu'en possession d'un mérite bien reconnu, ils l'aient annoncé dans leur programme mystérieusement & avec un air de prétention.

Il me reste à examiner s'il seroit possible de corriger les défectuosités du projet de Lana, en substituant à son vuide quelqu'un des gaz légers dont la chimie a enrichi de nos jours la physique. Je supposerai pour cet effet un ballon de 40 pieds de diamètre, qui déplacera environ 2880 liv. d'air atmosphérique, quantité excédant celle des quatre ballons de 24 pieds, & dont la superficie sera de 7028 $\frac{4}{7}$ pieds, au lieu de 7241 $\frac{1}{7}$ pieds des mêmes quatre ballons. Il faut remédier à la trop grande ténuité du cuivre. J'estime que son épaisseur sera suffisante à un huitième de ligne, & qu'elle ne le sera pas trop pour une aussi grande machine. Le poids de ce ballon, de 40 pieds de diamètre, seroit en cuivre de 3734 liv. Le moyen d'y introduire l'air léger seroit d'y pratiquer deux ouvertures, l'une au haut, & l'autre au bas, de faire descendre par la supérieure un ballon de taffetas verni & garni d'un robinet , jusqu'à l'inférieure , où l'on retiendroit le robinet qui correspondroit au tuyau de communication qui transmettroit le gaz. A mesure que le taffetas gonfleroit , il expulseroit l'air atmosphérique ; & lorsqu'il seroit plein , on fermeroit les deux ouvertures avec des plaques bien soudées , en joignant à l'inférieure un robinet pour donner entrée à l'air extérieur , qui devroit procurer au besoin la descente. Le ballon de taffetas & le gaz supposé très-léger , & à un dixième de l'air atmosphérique , pèseroient environ 500 liv. à ajouter à 3734 liv. poids du cuivre, indépendamment du poids du navire & des hommes , & de l'excès de légèreté nécessaire pour l'élévation requise. Tous ces poids réunis excéderoient de près du double celui de 2881 liv. de l'air déplacé. Quelle énorme capacité faudroit-il donc pour rendre ce moyen utile ? Elle existe , mais voudra-t-on en faire la dépense ?

L'invention du ballon subsidiaire introduit dans celui de cuivre , est ingénieuse ; & si j'usois d'une simple réticence sur son auteur , on auroit droit de me soupçonner de vouloir me l'attribuer. Je suis trop éloigné de cet abus bas & vil , quoique très-commun, d'un amour-propre vicié , & trop révolté de tant de prétentions mensongères qui circulent dans le monde, pour ne pas écarter jufqu'au moindre foupçon d'y participer. Cette idée eft de dom Gauthey, religieux bernardin, qui a féjourné dans cette ville, & qui réfide actuellement à Saint-Etienne en Forez. Elle peut être perfectionnée en ajoutant à côté du ballon de cuivre un fecond ballon extérieur de taffetas attaché de même au navire, combiné de manière qu'il ait une force de 100 liv. environ au-deffus de l'équilibre, dans laquelle force feroit compris un fupplément qui manqueroit à celui de cuivre joint au poids du navire. Alors en lâchant le petit ballon au befoin, on defcendroit par le poids qui refteroit. Cette feconde idée eft détaillée dans le Mémoire que M. Carra, auteur des Nouveaux Principes de Phyfique, a remis & lu dans une affemblée de l'académie royale des fciences le 14 janvier, & il n'a pas été le feul à la concevoir, quoiqu'il ne l'ait point empruntée.

Si l'on tente jamais la réunion de ces projets, on avouera fans peine que celui de Lana aura bien changé de face, & qu'il étoit inexécutable tel qu'il l'a donné.

Jean-Alfonfe Borelli, de Naples, célèbre profeffeur de mathématique du dernier fiècle, à Florence & à Pife, fe retira à Rome où il mit la dernière main à fon excellent traité du mouve- BORELLI.

ment des animaux, qu'il dédia à la reine Chriſ-
tine de Suède. Il y traita du vol au chapitre 22
du premier volume, & dans la propoſition 204,
il prétendit démontrer l'impoſſibilité où les hommes étoient d'en exercer la faculté par aucun
des moyens propoſés juſqu'alors, ſoit avec des
aîles, ſoit par des machines. Je me ſuis appuyé
de l'autorité de ce ſavant diſtingué, au troiſième
motif d'excluſion du projet de Lana, & je me
crois obligé d'extraire & de préſenter ſes idées,
parce qu'elles ſont très-bien raiſonnées, parce
qu'elles ont beaucoup de force, parce qu'elles
répondent exactement aux prétentions des fau-
teurs du vol par les aîles, que j'ai rapportées, &
enfin, parce qu'il dément formellement la fauſſe
gloire dont tant d'écrivains peu inſtruits ou né-
gligens de s'inſtruire, ont voulu le couvrir. Il
a été cité comme ayant connu & indiqué la découverte de MM. de Montgolfier. Quelques lignes copiées de ſon ouvrage, & iſolées de ce
qui les précède & de ce qui les ſuit, ont jetté
dans l'erreur bien des gens. On fait aiſément
revenir le public au vrai dans une circonſtance
telle que celle-ci, mais cela n'eſt pas dans d'autres toujours auſſi facile, & de grands maux
peuvent réſulter de cette eſpèce d'infidélité; d'ailleurs, ces auteurs ſur-tout qui s'érigent en juges

des belles-lettres, des sciences & des arts, ne-devroient-ils pas avant que de rédiger leurs arrêts, étudier sans prévention, sans bile & avec une sage modération au moins la vérité des faits ? Ils seroient excusables alors, s'ils n'erroient que par foiblesse ou défaut de jugement. Entendons Borelli. Il observe que l'on doit considérer trois choses dans le vol ; 1°. la force motrice par laquelle le corps de l'animal est suspendu dans l'air ; 2°. ses instrumens propres, qui sont les aîles ; 3°. la résistance du poids du corps de ce même animal. On reconnoît le degré de la faculté motrice par la masse & la quantité des muscles destinés à mouvoir & à diriger l'action des aîles. La force motrice des aîles des oiseaux est dix mille fois plus grande que la résistance de leur poids, & notre auteur avoit démontré auparavant que la nature leur avoit accordé cette force si énorme & si excessive par le secours de leurs muscles pectoraux.

Lors donc, dit-il, qu'on cherche à découvrir si les hommes peuvent voler avec le secours de leurs forces motrices, il faut examiner si celles de leurs muscles pectoraux sont dans le même rapport, savoir si elles surpassent dix mille fois la résistance du poids du corps humain, en y ajoutant celui de très-grandes aîles qu'ils devroient

D iv

ajufter à leurs bras. Il eft très-pofitif que ces forces motrices des mufcles pectoraux des hommes font infiniment au-deffous de ce que la faculté du vol exige, parce que le poids de la maffe des mufcles & des aîles des oifeaux eft au moins une fixième partie du poids de leur corps; il faudroit donc que les mufcles pectoraux de l'homme pefaffent une fixième partie du poids de fon corps, afin que les bras en agitant les aîles, puffent exercer des forces dix mille fois plus grandes que ce poids; mais ces mufcles pectoraux font bien éloignés de ce rapport, & ils n'égalent pas la centième partie du poids total de l'homme; c'eft pourquoi il faudroit pouvoir augmenter les forces de ces mufcles, ou diminuer le poids du corps, afin de rencontrer un rapport proportionné à celui qui exifte dans les oifeaux.

On déduit delà que l'artifice d'Icare a été entièrement fabuleux, puifqu'il étoit impoffible; car on ne peut point augmenter les mufcles pectoraux de l'homme, ni diminuer le poids de fon corps; & fi l'on recouroit au fervice de quelqu'efpèce de machine, de levier & de quelqu'autre inftrument que ce fût pour accroître la vîteffe, elle ne fuffiroit jamais à vaincre ni à repouffer la réfiftance avec affez de velocité; ainfi, la vi-

bration des aîles aidée par une machine qui imiteroit la contraction des muscles, ne parviendra
point à foutenir dans l'air le corps lourd de l'homme avec la même vîtesse que les muscles l'opèrent.

Il nous reste feulement à examiner si l'on peut
diminuer la pefanteur du corps de l'homme, non
d'une maniere absolue, ce qui est impossible,
mais spécifique & réciproque à l'égard du fluide
aérien, comme on l'opère en faisant surnager des
lames de plomb à l'eau, en leur donnant une
surface qui les combine avec la pefanteur de cette
eau, fuivant la doctrine d'Archimède. La nature
s'est fervie de ce moyen pour les poiffons en
plaçant une veffie dans leur ventre qui leur fert à
fe mettre en équilibre avec l'eau, & à s'y repofer tout ainfi comme s'ils étoient eux-mêmes
des maffes d'eau.

Quelques modernes fe font perfuadés qu'ils pourroient imiter cet artifice & rencontrer l'équilibre du
poids du corps de l'homme avec l'air même, en
employant une grande veffie absolument vuide
ou remplie d'un fluide très-fubtil, qui fût d'une
capacité telle qu'elle pût tenir un homme fufpen-
du dans le fluide aérien.

Mais nous découvrons & nous concevons aifément combien leur efpérance est vaine, puifque cette veffie doit être fabriquée avec un mé-

tal dur & compacte, tel que le cuivre ou l'airain, & qu'il faut extraire l'air qu'elle contiendra, afin qu'un vafe auffi énorme puiffe occuper une place au milieu de l'air, foit feul, foit en portant un homme. Il faudroit pour cet effet que la capacité de ce vafe fût de plus de 22 mille pieds cubes, & que les lames de fon enveloppe fuffent réduites par conféquent à une ténuité infigne. Une telle machine ne peut pas être ni conftruite, ni confervée; aucune pompe pneumatique n'eft capable de la vuider, & il feroit très-inutile de tenter à le faire par le moyen du mercure, car une quantité auffi confidérable ne fe trouve pas fur la terre, & ne pourroit point être maniée. Suppofons même que ce vuide immenfe pût être obtenu, il eft certain qu'alors les membranes de ce vafe d'airain ou de cuivre ne pourroient pas réfifter contre la violente compreffion de l'air qui le froifferoit & le mettroit en pièces.

Borelli ajoute encore quelques autres motifs à l'appui de fon opinion. Je ne crois pas néceffaire de les tranfcrire, en ayant dit affez pour détruire les erreurs qu'on a répandues tant à fon fujet qu'à celui de Lana. Cependant, pour ne pas laiffer lieu au moindre doute, on trouvera leurs textes rapportés en entier à la fin de cet ouvrage.

Pendant que je m'occupois de ces recherches, je fus informé que M. de Gusman, habile physicien, avoit fait élever dans l'air, en 1736, un panier d'osier recouvert de papier. Il étoit oblong & de sept ou huit pieds de diamètre. Il s'éleva à la hauteur de la tour de Lisbonne, qui est de 200 pieds environ. On nommoit depuis lors M. de Gusman pendant sa vie, l'Ovoador. Ce mot portugais signifie, celui qui fait voler. On le distinguoit ainsi de ses deux frères, dont l'un, homme d'un grand mérite, étoit fort aimé du roi & travailloit en particulier avec lui ; le second, religieux carme, étoit un des plus grands prédicateurs de son tems. Ce fait, dont je ne pouvois pas douter par le témoignage certain d'une personne respectable qui y avoit été présente, m'engagea d'écrire à un négociant très-distingué de Lisbonne. Je le priai de m'en procurer les informations les plus précises, & sur-tout celles des moyens dont il avoit été fait usage. Il me répondit que j'étois bien instruit, que la chose étoit très-vraie ; plusieurs personnes se la rappeloient encore, mais très-confusément ; il avoit connu particulièrement M. de Gusman, frère du physicien ; ils avoient parlé souvent ensemble de cette anecdote en en riant, parce qu'elle avoit été attribuée à un sortilège ; il me promit enfin de faire continuer ses

recherches pour en obtenir quelqu'autre circonf-
tance. Elles ont été inutiles à ce fujet ; mais ce
négociant obligeant m'a envoyé copie d'un autre
projet, avec celle d'une requête préfentée au roi
de Portugal par fon auteur. Je la joins ici , parce
qu'elle contient quelques vues fur l'ufage des
aéroftats.

LOURENÇO.   Repréfente le père Barthelemi Lourenço, qu'il
a découvert un inftrument pour cheminer dans
l'air de la même manière que fur la terre & par
mer , avec beaucoup de promptitude , en faifant
quelquefois au-delà de deux cens lieues par jour,
avec lequel on pourra porter les avis de la plus
grande importance aux armées & pays éloignés
prefque dans le même tems qu'on les réfout; ce qui
intéreffe votre majefté beaucoup plus que tout autre prince , par la plus grande diftance de vos do-
maines , en évitant par ce moyen la mauvaife
adminiftration des conquêtes , qui provient en
grande partie de ce que les avis arrivent tard.
Votre majefté pourra de plus en faire venir plus
promptement & plus fûrement tout ce qui lui
fera néceffaire & qu'elle défirera; les négocians
pourront faire paffer des lettres & des capitaux
aux places affiégées , ou en recevoir. Ces places pourront auffi être fecourues en tout tems de
vivres, d'hommes & de munitions, & l'on pourra

en faire fortir les perfonnes que l'on voudra , fans
que les ennemis puiffent y mettre aucun empê-
chement. On découvrira les régions les plus éloignées aux poles du monde , & la nation por-
tugaife jouira de la gloire de cette découverte,
indépendamment des avantages infinis que le
tems fera connoître. Et comme cette découverte
pourroit provoquer plufieurs défordres , & que
plufieurs crimes pourroient fe commettre dans
la confiance qu'elle infpireroit à leurs auteurs de
refter impunis en s'en fervant pour paffer à l'inftant dans d'autres royaumes, il convient donc
d'en reftreindre l'ufage & d'autorifer une feule perfonne à en exercer la faculté, & que ce foit à
elle à qui en tout tems on enverra les ordres con-
venables pour faire les tranfports, faifant défenfe
à tous autres de s'en fervir fous des rigoureufes
peines, & récompenfant le fuppliant d'une invention auffi utile; votre majefté eft fuppliée qu'elle
daigne accorder au requérant le privilège ex-
clufif du fervice de cette machine , défendant à
tous & un chacun, de quelque qualité que ce foit,
d'en faire ufage en aucun tems dans ce royaume
ou dans les conquêtes , fans permiffion du fuppliant ou de fes héritiers , fous peine de la perte
de tous leurs biens & toutes autres qu'il plaira
à votre majefté d'infliger.

Au bas eſt la déciſion du roi de Portugal dans cette forme :

Conſulté au conſeil de l'expédition des dépê-ches ; il a été délibéré d'une voix unanime que la récompenſe demandée par le ſuppliant étoit trop modique, & qu'on devoit l'amplifier.

Sorti dépêché avec la réſolution ſuivante :

Conformément à l'avis de mon conſeil, j'ag-grave de la peine de mort celles énoncées contre les tranſgreſſeurs ; & afin que le ſuppliant s'ap-plique avec plus de zèle au nouvel inſtrument faiſant les effets qu'il dit, je lui accorde la pre-mière place qui vaquera dans mes collèges de Barcelos ou Santarem, & de premier profeſſeur de mathématiques de mon univerſité de Coimbre, avec 600,000 réis de penſion, (3750 liv. argent de France) pendant la vie du ſuppliant ſeule-lement. Lisbonne, 17 avril 1709.

avec paraphe du Roi.

Il ne faut pas s'étonner ſi cette machine n'a jamais été employée, & ſi elle étoit tombée dans l'oubli. Elle repréſente ſous une eſpèce de figure d'oiſeau un corps de bâtiment ſoutenu par des tuyaux où le vent devoit s'engouffrer, & ſe porter à des eſpèces de voiles attachées au-deſſus du navire pour l'enlever ; à défaut de vent , on devoit y fuppléer en faifant ufage de gros foufflets. Un grand nombre de morceaux d'ambre étoient attachés à un toît de fil de fer , afin, à ce que préfumoit l'auteur, d'attirer en l'air le bas du bâtiment, qui, pour cet effet , étoit garni de nattes faites de paille de feigle. Deux fphères contenoient, fuivant lui, le fecret attractif, & une pierre d'aimant. Un gouvernail fur le derrière devoit fervir à diriger la marche. Des aîles attachées aux côtés , n'avoient d'autre emploi que d'empêcher la machine de chavirer. Elle devoit être montée par dix hommes. Le deffin que j'en ai reçu eft bien conforme à celui que MM. Efnaut & Rapilli en ont fait graver. Les détails qu'ils y ont joints ne font pas bien corrects , & c'eft fur tout mal-à-propos que le nom Gufman fe trouve joint à Barthelemi Lourenço.

Il y a un ouvrage portugais intitulé : *Récréations Philofophiques*, publié en 1751 par M. Jofeph-François d'Almeida, où l'on trouve un dialogue fur l'art de voler. Le projet de Lana & la fable d'Icare y font rapportés, & il n'y eft fait aucune mention des deux anecdotes ci-deffus citées, ni même de l'ouvrage de Mendoca, compatriote de l'auteur.

On imprima à Paris en 1739 , chez Bauche,

père, & Chriftophe David, un livre fous ce titre : *La Curiofité Fructueufe*, ouvrage dédié aux curieux intéreffés. C'eft une brochure de 41 pages, remplie de penfées triviales, grotefques & mal digérées, qui fe termine par l'annonce de fix expériences que l'auteur devoit faire avec un aéroftat. Tous ceux qui achetoient ce livre pour 24 fols, avoient droit de préfence à ces expériences en apportant le livre pour y couper une marque répétée aux fix derniers feuillets où elles fe trouvent encore toutes, ce qui témoigne que cela n'a point été exécuté. La curiofité aura ainfi été fructueufe pour l'auteur, & trompeufe pour les acheteurs. Il y joignit le projet de fix expériences utiles & furprenantes. Il s'agit de l'exécution du projet de Lana, qui y eft nommé de Léma, & en latin Francifcus de Lazis ou Laziis, au lieu de Francifcus de Lanis. Un feul vafe devoit produire les effets defirés par le vuide. Ce vuide étoit annoncé par le moyen de la pompe pneumatique, foit par un autre équivalent. L'auteur promettoit enfin à la fuite de chacune des expériences, d'en expliquer le mécanifme & les opérations par des differtations particulières, & d'indiquer au plutôt le tems & le lieu où elles feroient faites. Je m'interdis les réflexions que préfentent des idées auffi ridicules, qui fe détruifent affez d'elles-mêmes.

IJ

Il s'eft fait depuis lors, toujours inutilement, encore quelques eſſais de machines ou d'aîles, par M. le chanoine Desforges, par M. Blanchard, déjà cité, & par quelques autres, qui ont confirmé l'eſpèce d'impoſſibilité qu'il y a de s'élever dans les airs par les feules reſſources de la mécanique. Je crois qu'il feroit déplacé d'en faire une mention plus étendue, d'autant plus qu'il s'agit de tentatives faites dans l'âge de la jeuneſſe où l'on oſe tout entreprendre, & que pluſieurs de ces artiſtes dont je tais le nom, ont donné enfuite des preuves non équivoques d'une fcience confommée. J'excepte cependant une anecdote que trois membres de l'académie de Lyon ont rapportée dans une diſſertation, du pere Grimaldi, qui auroit traverſé heureuſement par les airs le paſſage de Calais à Douvres, en 1751.

La qualité d'académiciens peut induire en erreur les gens crédules, & je dois les avertir que ce fait extraordinaire, qui ébranleroit toutes les meilleures théories, eſt abſolument inconnu dans ces deux villes, quelque récent qu'il fût, s'il étoit vrai, & malgré le grand nombre de témoins vivans qu'il devroit avoir. Il faut donc le ranger, non-feulement au nombre des choſes incroyables, mais à celui des choſes hafardées & contraires à la vérité.

E

Je ne me diſpenſerai pas de même de rétrograder pour parler des idées ou des rêveries ſingulières de Cyrano de Bergerac. Son imagination brillante, biſarre & fantaſtique, a répandu un aimable enjouement ſur ſes récits. Sous l'empreinte du badinage, il a bien vu, & beaucoup mieux que la plupart de ceux qui ont raiſonné le plus gravement. Il peut n'y avoir attaché aucune conſéquence ; il n'a fait & n'a voulu faire qu'un roman, mais ce roman eſt rempli de grandes vérités.

Cyrano eſt curieux de voyager dans la lune. Il attache pour cet effet, autour de ſon corps, quantité de fioles pleines de roſée. Le ſoleil les attire par ſes rayons, en l'élevant au-deſſus des nuées & de la moyenne région de l'air, il caſſe ſucceſſivement pluſieurs de ces fioles, & redeſcend peu-à-peu à terre. Arrivé dans le Canada, il y conſtruit une machine à rouages & s'élève de nouveau, mais il retombe & ſe meurtrit le corps. Après s'être enduit de moëlle de bœuf, il retourne au lieu où il avoit laiſſé ſa machine. Des ſoldats s'en étoient emparés & l'avoient garnie de fuſées. Cyrano accourt pour les empêcher d'y mettre le feu, & s'élance dedans. Les fuſées partent & l'enlèvent ; lorſqu'il n'en reſte plus, la machine l'abandonne & retombe ; mais il continue fa route, parce que la lune fe trouvoit dans fon décours, tems auquel elle fuce la moëlle des animaux. Elle buvoit donc celle qui étoit autour de lui en l'attirant. Il tombe fur elle les pieds en haut.

Il fe trouve dans un lieu délicieux, où il fait la rencontre d'un jeune adolefcent d'une beauté majeftueufe qui lui apprend des chofes merveilleufes. On les lira page 343 à 345 du tome premier de fes œuvres, édition d'Amfterdam, chez Daniel Pain, 1699 ; il lui parle, entr'autres, d'un perfonnage qui étoit paffé autrefois de la terre à la lune, révolté des effets de l'ambition des hommes, qui s'égorgeoient pour le partage de ce monde. Perfonne avant lui n'en avoit connu les chemins, mais fon imagination y avoit fuppléé ; *car comme il eut obfervé....... il remplit deux grands vafes qu'il lutta hermétiquement, & fe les attacha fous les aîles : la fumée auffi-tôt qui tendo t à s'élever, & qui ne pouvoit pénétrer le métal, pouffa les vafes en haut, qui enlevèrent de la forte ce grand homme. Il quitta fes nageoires à quatre toifes au-deffus de la lune. L'élévation étoit cependant affez grande pour le beaucoup bieffer, mais le grand tour de fa robe, où le vent s'engouffra, le foutint doucement jufqu'à ce qu'il eut mis pied à terre. Les deux vases montèrent jusqu'à un certain espace où ils sont demeurés, & c'est ce qu'on appelle aujourd'hui les balances.*

Le prétendu jeune homme, qui entretenoit Cyrano, avoit quelques mille ans. Il étoit originaire du soleil, & il connoissoit notre terre. Il avoit préféré le séjour de la lune, parce que les hommes y sont amateurs de la vérité, qu'on n'y voit point de pédans, que les philosophes ne s'y laissent persuader qu'à la raison, & que l'autorité d'un savant, ni le plus grand nombre ne l'emportent point sur l'opinion d'un batteur en grange, quand il raisonne bien; en un mot, on n'y compte pour insensés que les sophistes & les orateurs. Voici la manière dont cet être singulier ou ce démon étoit parvenu à la lune. Il avoit pris & mis deux pieds quarrés d'aimant dans un fourneau. Lorsqu'il fut bien purgé, précipité & dissous, il en tira l'attractif calciné & le réduisit à la grosseur d'une balle médiocre.

Le démon construisit ensuite une machine de fer fort légère, il y entra, & s'étant assis bien appuyé sur le siège, il jetta sa boule fort haut en l'air & répéta continuellement ce jeu; la boule lui revenoit toujours, parce que l'attraction la rendoit inséparable de sa cage. L'acier de cette maison volante, poli avec beaucoup de soin, réfléchissoit de tous

côtés une lumière fi brillante , qu'il croyoit lui-
même être tout en feu. Aux approches de la lune,
il jetta fa boule en différens fens pour rallentir
la chûte, & il réuffit à la rendre auffi douce que
s'il ne fût tombé que de fa hauteur.

Cyrano parcourut l'empire de la lune avec
fon démon ; il réfléchit enfuite que les riches
enfans de Paris font une fois en leur vie le voyage
de Rome, & il voulut les imiter. Il pria le
démon de le ramener fur la terre & de l'y conduire. Il y confentit , le prit ferré dans fes bras
& lui fit faire ce trajet en un jour & demi , après
quoi il difparut.

Plus on a vu & plus on veut voir. Cyrano
conçut le projet de vifiter le foleil. Il avoit tant
d'obligations à fon démon , qu'il étoit naturel
de défirer de connoître le lieu de fa naiffance ,
pays où les habitans vivent fept ou huit mille
ans. Il charpenta, rabotta , colla & conftruifit
enfin une nouvelle machine. C'étoit une grande
boëte fort légère, haute de fix pieds, large de
trois, qui fermoit très-jufte. Elle avoit deux trous,
l'un au haut, l'autre au bas ; il pofa à celui de
deffus un vafe ou boule de criftal à facettes , à
plufieurs angles en forme d'icofaèdre , trouée
de même , faite en globe & très-ample , dont le
gouleau aboutiffoit & s'enchaffoit dans le trou

du chapiteau. Ainſi , chaque facette étant con-
vexe & concave , cette boule devoit produire
l'effet d'un miroir ardent.

Cyrano expoſa cette boëte au ſommet de la
tour de la priſon où il étoit reſſerré. On n'a pas
été à la lune , ſans être ſoupçonné d'être ſorcier,
& il étoit pourſuivi comme tel. Il s'y renferma ;
& , après une heure d'attente , le ſoleil débarraſſé
de nuages , éclairant la machine , l'icoſaèdre
tranſparent en recevoit les rayons à travers ſes
facettes , & répandoit ſa lumière dans la cellule
par le bocal. La ſplendeur s'affoibliſſoit, parce que
les rayons ſe rompoient pluſieurs fois , & cette
vigueur de clarté tempérée, convertiſſoit la chaſſe
en un petit ciel de pourpre émaillé d'or.

Dans l'extaſe où la beauté d'un coloris ſi varié
jetta Cyrano , il ſe ſentit enlevé, & il s'apperçut
par le trou du plancher de ſa boëte , que la terre
s'éloignoit avec beaucoup de vîteſſe. Le ſoleil
battant vigoureuſement ſur les miroirs concaves,
réuniſſoit ſes rayons dans le milieu du vaſe, &
chaſſoit par ſon ardeur l'air dont il étoit plein,
par le tuyau d'en haut. La nature détruiſoit le
vuide à meſure qu'il ſe formoit, & l'éther entrant
avec violence dans la machine par le trou d'en
bas , lui ſervoit d'agent & la pouſſoit ſans ceſſe.

Cyrano conte enſuite tout ce qu'il a vu dans

le foleil. Il y trouva Campanella, fameux dominicain calabrois, & ils ne fe quittèrent plus.
Dans un de leurs voyages, ils furent conduits à
travers les airs par un condor, oifeau d'une grof-
feur énorme, qui les traîna au royaume des phi-
lofophes ; ils y rencontrent Defcartes, avec qui ils
entrent en converfation fur l'art de deviner. Il étoit
difficile de s'en bien tirer ; auffi notre auteur,
embarraffé fans doute, nous laiffe-t-il là, ter-
minant fon récit, fans parler même de fon retour
fur la terre.

Je m'arrête un inftant pour réfumer briéve- *Résumé.*
ment les idées qui ont précédé la découverte de
l'art du vol, & qui l'avoient en vue. Les faits
antiques qui nous ont été confervés, font tous
empreints d'une obfcurité impénétrable à ce fujet ;
les conjectures qu'ils font naître font vagues &
incertaines, & bien éloignées de préfenter des
réfolutions claires, qui puiffent fe confirmer par
l'expérience. L'art, ni la fcience des mécaniques,
n'ont procuré aucune reffource réelle pour acquérir l'art du vol depuis le fiècle de Roger Bacon jufqu'à ce jour. Les tentatives infructueufes
qu'ils ont fuggéré de faire, ont annoncé une
efpèce d'impoffibilité de réuffir par leur fecours,
fi tant eft même que cette impoffibilité ne foit
point abfolue ; car il a été démontré évidemment

qu’en accordant qu’on pût parvenir à conſtruire des aîles telles que la peſanteur de l’homme les exige, & qu’en ſuppoſant encore qu’il pût s’en ſervir avec facilité, il n’en ſeroit pas moins vrai que ſes forces n’auroient pas aſſez de puiſſance, d’activité & de vélocité pour perpétuer le mouvement. Borelli a fait cette dernière démonſtration d’une manière ſévère & rigoureuſe. Les raiſons & les motifs qui l’ont dirigé expliquent très-bien les cauſes de tous les malheurs éprouvés par ceux qui ont employé, d’abord avec une première apparence de ſuccès, les aîles les mieux conſtruites.

L’aurore de l’art du vol, que nous poſſédons actuellement, a laiſſé échapper quelque clarté des méditations d’Albert de Saxe. Le fluide très-ſubtil ſuppoſé à la colombe d’Archytas en avoit été l’avant-coureur. Albert avoit vu ce fluide dans la région qui domine celle des airs; ſon projet commenté par Mendoca & par Schott, ne préſentoit cependant qu’un délire à la raiſon; & le moine Galien, qui s’étoit ſervi de ces idées pour une démonſtration auſſi ingénieuſe que gigantefque, n’avoit rien diminué de l’impoſſibilité apparente. Il falloit encore, après l’avoir lu, répéter avec Schott, quelle eſt la puiſſance plus qu’humaine qui élevera le navire à une ſi haute région?

Lana & ses sectateurs ont vainement tenté de surmonter cette grande difficulté de l'élévation, en ayant recours au vuide ; toutes leurs spéculations échouent & s'évanouissent en les soumettant à un examen approfondi. Les vrais savans, Léibnitz, Borelli, les ont sapées & détruites jusqu'aux fondemens, & elles sont encore aussi impraticables aujourd'hui qu'elles l'étoient alors.

Les pères Laure, Fabri, &c. ont entrevu la puissance du feu, mais dans la fusée seulement. Les tubes d'étain qu'ils ont proposés pour jouir de l'action du feu, & élever la colombe d'Archytas, n'étoient que des espèces de mauvaises fusées. La meilleure du plus habile artificier entraîneroit avec peine le poids d'un quart de livre, & son effet n'auroit qu'une très-courte durée.

Borelli a énoncé les conditions du problême de l'élévation des corps graves dans l'air avec une netteté & une précision admirable & digne de lui ; à présent que ce problême est résolu, on apperçoit encore mieux le mérite de la clarté avec laquelle il a été proposé; mais, avant qu'il le fût, les difficultés existoient dans tout leur entier. Borelli même n'a pas prévu qu'elles pussent être applanies. Son ouvrage n'est point du nombre de ces livres obscurs que les érudits ou les bibliographes sont seuls à connoître. Il est entre

les mains de tous les favans qui l'eftiment beaucoup, & aucun d'eux n'y a rien vu de plus
à l'égard du vol, que ce qu'il y avoit exprimé.

Les moyens dont M. de Gufman s'étoit fervi
pour enlever le panier d'ofier, font entièrement
inconnus, & fon anecdote ne donne lieu qu'à
des conjectures vagues & incertaines. On doit fe
difpenfer d'en faire, lorfqu'il ne refte aucune
reffource pour s'affurer fi l'on rencontre le vrai.

Cyrano a répandu l'ironie à pleines mains fur
la plupart des fyftêmes connus de fon tems. Il
s'attachoit fur-tout à déprimer par fes railleries
piquantes les faux favans & les pédans, & à
atténuer les erreurs auxquelles le vulgaire étoit
livré; ce que j'ai extrait de lui fur le vol, en
eft un témoignage non équivoque. Les fioles de
rofée, la machine à rouages, les fufées, les grands
vafes fcellés hermétiquement, la cage de fer avec
fa boule d'aimant, le condor, avoient été propo-
fés férieufement; la puiffance du démon, la
moëlle de bœuf, &c. ridiculifoient la crédulité du
peuple fur l'exiftence des forciers & des fauffes influences de la lune. Cependant l'imagination de
Cyrano a le preffentiment que ces moyens puérils
ou inefficaces, ont befoin d'un agent; il s'efforce
de leur donner une teinte de vraifemblance.

Pour cet effet, lorfqu'il parle de ce perfonnage

qui s'eft fait enlever par deux vafes, il dit d'abord,
qu'après avoir obfervé.... &c. Cette réticence
adroite décèle fon embarras fur l'efpèce d'agent
qu'il doit donner à ces vafes. Il ajoute enfuite
qu'ils étoient pouffés par la fumée. On remarque
par-là qu'il prévoyoit l'utilité des effets du feu,
mais qu'il ne favoit pas prefcrire de quelle manière fon emploi pourroit être praticable. Le moyen
dont Cyrano fait enfuite ufage pour faire le
voyage du foleil, eft encore bien plus ingénieux.
Quelqu'abfurde, quelque mal combiné qu'il foit,
quelqu'écart de la raifon qu'on y obferve, on
conviendra aifément qu'il eft fondé fur une ex-
cellente théorie, celle de la raréfaction. Cette
raréfaction y eft continue, & le principe qui
la produit ne fe rallentit point. C'eft à la con-
fidération particulière de ce principe actif par
lui-même, qu'il faut avoir égard feulement,
pour fe convaincre que Cyrano avoit été plus
loin que ceux qui l'avoient précédé & qui
l'ont fuivi, jufqu'au jour auquel l'efficacité
& l'ufage de ce principe ont été démontrés par
la plus belle application & par les expériences
les plus furprenantes. J'ajoute de plus, afin qu'on
n'ait pas de fauffes idées du motif qui m'a en-
gagé d'infifter fur l'efpèce de théorie de Cyrano, que M. Etienne de Montgolfier m'a fort

recommandé cet auteur fingulier. N'oubliez pas d'en parler, m'a-t-il dit plufieurs fois, c'eft celui qui a vu le mieux.

Borelli avoit rapporté dans fa Propofition 71, une expérience de Candide Buono, florentin, qui démontre la raréfaction de l'air par la chaleur. Servez-vous d'une balance d'effai, femblable à celles des marchands de diamans & des effaieurs des monoies. Lorfque les deux coupes feront dans un équilibre parfait, approchez de l'une d'elles un fer très-chaud, l'autre coupe baiffera auffi-tôt.

Robert Boyle a fort étendu les connoiffances de fon fiècle fur la théorie de l'air. Dans fes nouvelles Expériences Phyfico-mécaniques, imprimées chez Leers, 1669, pag. 41 & 42, on lit celle-ci : Prenez une veffie d'agneau, mettez-la dans le récipient de la pompe pneumatique, après l'avoir bien fermée, y ayant laiffé en dedans une partie d'air. Extrayez l'air du récipient, la veffie fe gonflera. Ouvrez alors le récipient; au moment où l'air extérieur y fera rentré, la veffie s'élevera & fe foutiendra élevée jufqu'à ce que l'air environnant l'ait comprimée. Elle pourra même enlever avec elle des poids légers. Cette expérience a été répétée & copiée par un grand nombre de phyficiens. Frédéric Hoffman a ajouté un petit morceau de plomb à la veſſie, & elle l'a également emporté.

M. Prieſtley a ouvert une nouvelle carrière ſur les différentes eſpèces d'air qui s'exploite de jour en jour, avec addition des plus heureux ſuccès. Ainſi, les ſecrets de la nature ſe développent peu à peu, & le zèle, joint à l'habileté des ſavans qui s'exercent dans cette partie ſi intéreſſante de la phyſique, donne les eſpérances les plus flatteuſes de l'agrandiſſement de nos connoiſſances. Les peſanteurs ſpécifiques des airs divers que la chimie eſt parvenue à extraire de pluſieurs corps dans les différens règnes, ont offert des ſecours efficaces pour l'art de l'élévation des corps graves. Ces ſecours ont d'abord été à peine entrevus. On a commencé par former des bulles de ſavon avec l'air inflammable. Elles ſe ſont élevées en éclatant dans l'air avec fracas. M. Cavallo a eſſayé enſuite de remplir des veſſies avec cet air inflammable; mais cette enveloppe étoit trop peſante, elles ſont reſtées à terre, & il ceſſa ce genre de travail.

Tel étoit l'état où la ſcience ſe trouvoit, lorſque MM. Etienne & Joſeph de Montgolfier ont conçu leur projet & commencé leurs eſſais. L'inutilité de ceux qui avoient précédé ne les ont point rebutés; toutes les difficultés ſe ſont heureufement évanouies entre leurs mains. Je vais fuivre pas à pas le détail très-inftructif de leurs travaux.

FUSÉE ET POMPE A FEU.

Les premiers objets qui fe préfentèrent à leurs regards, & qui les confirmèrent dans leur deffein, en leur ôtant la crainte que la foibleffe des forces propres de l'homme infpire, furent la fufée d'artifice & la pompe à feu. L'une & l'autre procurent une puiffance bien fupérieure à celle de nos forces propres ; l'une & l'autre agiffent par le feu. Les propriétés du feu font de s'élever, de chauffer, raréfier, brûler, confumer, calciner ou diffoudre les corps auxquels il s'attache, ou qui l'environnent. Il en liquéfie d'autres, tels que les métaux. La raréfaction que le feu produit·eft plus ou moins forte, en raifon de l'intenfité de fa chaleur. La raréfaction caufe la légèreté, & l'élévation eft une conféquence du rapport des pefanteurs, entre celle fpécifique du corps léger, & celle du milieu plus denfe dans lequel il s'élève.

Tous ces principes étoient connus. Il s'agiffoit d'en faire une bonne application, car elle n'avoit point pu auparavant être ni trouvée, ni pratiquée. Une fuite de réflexions fimples, & des raifonnemens lumineux, vont conduire MM. de Montgolfier à leur but. C'eft dans l'air que l'élévation fe fait ; il faut donc qu'ils fe procurent un corps plus léger que l'air.

Ce corps nouveau, plus léger que l'air, fera l'air même raréfié. La raréfaction s'opérera par le feu. On en jouira au moyen d'une enveloppe. En faifant cette enveloppe folide, fon poids nuiroit au fuccès. Quoique fouple & flexible, elle pourra contenir l'air raréfié & le foutenir contre la preffion de l'air extérieur, parce que, dans cet état de raréfaction, fa dilatation aura une force fuffifante d'expanfion pour combattre la compreffion.

L'idée de l'enveloppe apporte quelque changement à la fuite directe de ces raifonnemens. On connoît des airs plus légers que l'air commun. La chimie en procure la jouiffance. Il étoit naturel d'en faire, avant tout, l'effai. Il ne s'agiffoit donc plus que de combiner le poids de l'enveloppe joint à celui du gaz qui y feroit renfermé, avec le poids de l'air extérieur que l'enveloppe gonflée déplaceroit. M. Jofeph de Montgolfier réalifa heureufement cette idée à Avignon en 1782. Il fe fervit d'abord d'un fac de taffetas rempli d'air inflammable ; il en répéta l'effai avec des facs de papier ; mais ces matières étoient trop perméables, le gaz paffoit à travers, & les facs ne tardoient pas de retomber.

Ce moyen demandoit donc d'être perfectionné, & cela n'étoit pas difficile. Il s'agiſſoit de
remédier à la perméabilité de l'enveloppe. Pluſieurs conſidérations détournèrent MM. de Montgolfier de s'appliquer à ce travail. Le calcul du
prix des machines conſtruites ſur cette théorie,
les effraya. La courte durée de leur uſage vint
à l'appui, & la complication des opérations ache-
va de les décider à ſuſpendre ce moyen. Ils ré-
fléchirent ſans doute avec Borelli, que la nature
opère toujours par la voie la plus courte avec
une ſévère économie, & qu'elle rejette la pro-
lixité & la multiplicité des cauſes, en produiſant
ſes effets par des moyens ſimples & faciles.

VAPEURS
AQUEUSES.
Il fallut donc revenir en arrière ; au feu & à
l'enveloppe. Qu'y inférera-t-on ? La nature in-
terrogée indiqua l'eau pour réponſe ; cette eau
qui crée & qui forme les nuages. Elle s'élève en
globules infiniment déliées. Le fluide igné ou
électrique s'introduit tout à la fois au centre de ces
globules & les entoure, il cauſe leur légèreté,
les élève & les ſoutient. (Hypothèſe de M. de
Sauſſure.) Quelques ſuccès heureux font naître
de grandes eſpérances ; mais une réflexion arrête
& ſuſpend l'exercice de ce moyen. Il s'agit d'élévation dans les airs. Pour y réuſſir par le ſecours du fluide électrique, il eſt néceſſaire de ſe

conſerver

conferver une communication avec fon grand réfervoir, la terre, afin de pouvoir le renouveller à volonté & au befoin. La difficulté eft grande, mais il eft vraifemblable qu'elle n'eft pas infurmontable. En attendant qu'elle pût être vaincue, MM. de Montgolfier prirent le parti de retourner fur leurs pas.

Ils fe réduifirent au feul emploi du feu dans des enveloppes de papier, ou de toiles doublées de papier. Ils ont fait le feu avec la paille, le bois de farment ou d'autres efpèces; ils y ont ajouté des mêlanges de laine ou d'autres matières; ils y ont fait des injections d'eau. Toutes ces méthodes ont fourni à-peu-près les mêmes réfultats, relativement aux poids des matériaux. L'emploi des graiffes, des huiles, des bitumes, &c. diminue fingulièrement ces poids, & produit de très-grands effets. Le papier imbibé d'huile a réuffi au mieux, & il a été préfumé que le feu caufé par une livre de cette préparation, étoit égal à celui de dix livres de bois ou de paille. Les effets du feu de l'efprit-de-vin ont été encore plus marqués. Il ne réfulte cependant jufqu'à préfent rien d'affez précis de toutes les expériences faites fur la nature des combuftibles. Le feul point effentiel à-peu-près déterminé, eft que le feu pouffé au point d'exciter

EMPLOI
DU FEU.

F

& de maintenir la chaleur à 50 degrés du thermomètre de Réaumur, produit une raréfaction
ou de $\frac{1}{16}$, ou de $\frac{1}{7}$ environ de légéreté dans l'air
contenu par l'Aéroftat, & que l'on peut foute-
nir aifément cette chaleur à 55 degrés.

DÉCOU-
VERTE
CONCLUE.

MM. de Montgolfier ont donc expliqué &
réfolu ainfi, d'une manière évidente & très-fatisfaifante, le problême de l'élévation fpontanée
des corps graves dans les airs, inconnue auparavant aux hommes, qui leur en doivent une
reconnoiffance éternelle; mais fans diminuer en
rien la gloire qu'ils ont acquife à un titre aufsi
brillant que légitime, on conviendra qu'il refte
beaucoup à faire, à étudier & à travailler pour
jouir des fruits précieux, & des avantages infignes qu'on peut fe promettre de cette découverte, fi long-tems inefpérée. Les objets les plus
effentiels à établir préliminairement me paroiffent
être ;

PLAN
D'ÉTUDE.

1°. De reconnoître par la nature & la com-
binaifon des matières combuftibles, celles qui,
fans trop augmenter la dépenfe, produiront des
effets égaux à ceux qui font requis, en ayant
la moindre pefanteur poffible.

2°. De déterminer la quantité précife & néceffaire de ces combuftibles, & leur durée, en
ayant égard aux différentes capacités des Aéroftats.

3°. Le navigateur aérien devra acquérir l'art du feu, à un point de perfection tel, qu'il en foit le maître pour fe foutenir fixe à la hauteur néceffaire, l'outre-paffer, s'abaiffer fuivant fes befoins, & l'éteindre à volonté.

4°. Déterminer la forme des Aéroftats la plus favorable à l'action du feu, de manière que la chaleur fe porte auffi également qu'il fera poffible à fes extrêmités, pour y réfifter au refroidiffement qu'elle y éprouve.

5°. Avoir égard dans cette forme à celle que la réfiftance de l'air exige, afin que l'Aéroftat éprouve en cheminant la plus foible oppofition poffible de cette réfiftance, en lui préfentant la furface la plus propre à l'éviter, autant que l'action du feu le permettra.

6°. Comme toute forme différente de celle d'un fphéroïde allongé paroît ne pas s'accorder avec l'action du feu, & que celle du diamètre refferré au milieu de l'Aéroftat, & prolongé d'une extrêmité latérale à l'autre, paroît plus favorable pour fa courfe, on pourra concilier cette contradiction, en établiffant deux réchauds ou plus, au lieu d'un feul; mais on n'y réuffira qu'au moyen d'un cadre folide. Il faudra donc étudier la manière de conftruire ce cadre léger & folide, conformément aux loix de la combuftion.

On a éprouvé à Milan, que le cadre nuifoit à la raréfaction. C'eft un obftacle à vaincre. Il eft apparent que la caufe de cet effet confifte en ce que l'Aéroftat étant développé rempli d'air, la chaleur du feu n'y agit pas avec affez de force pour fe répandre & fe communiquer par-tout dans une quantité fuffifante qui convertiffe le premier air. Cette chaleur fe porte du bas en haut. Dans cette action, le premier air doit être refoulé contre la circonférence du haut en bas. Ne conviendroit-il pas de faciliter & d'accélérer fa fortie par des trous pratiqués depuis l'équateur jufqu'au bas, de diftance à autre ? Ces trous ne feroient-ils pas très-utiles pour débarraffer l'Aéroftat enfuite des produits de la combuftion plus pefans que l'air ?

7°. L'affaiffement fubit de l'enveloppe après la chûte, l'expofe à prendre feu. Elle devroit être toujours enduite de terre d'alun ou d'autres fels. Le cadre pareroit mieux à ce danger. On y obvieroit à fon défaut, ou par un demi-cadre qui s'élèveroit jufqu'à l'équateur, ou en plaçant autour de l'équateur 6 ou 8 anneaux, ayant fur la galerie 6 ou 8 perches avec un rebord à un pied de leur bout, pour y arrêter les anneaux au moment de la chûte. On aura encore l'attention de fe pourvoir d'eau pour la jetter fur le réchaud.

8°. Les variations qui furviennent dans l'état

de l'air atmofphérique, .en produifent de très-fenfibles dans l'action & les effets du feu. Ces variations doivent être étudiées & décrites avec une attention fcrupuleufe, pour en former une échelle de corrections dans les rapports de la chaleur, de la pefanteur, de la féchereffe ou de l'humidité de l'air libre.

J'aurois encore beaucoup de chofes à ajouter fur les objets qui doivent concourir à la perfection des Aéroftats, mais je me fuis prefcrit des limites, & je m'arrête, pour paffer à ce qui concerne leur direction. Cette direction eft abfolument néceffaire pour bien jouir des utilités qu'on efpère en retirer. On convient très-généralement qu'elle n'eft pas poffible contre un grand vent, ni contre un vent moyen, & très-difficile même contre un vent foible, par la voie de la déviation. Il ne faut en effet point préfumer d'y réuffir mieux que dans la navigation fur l'eau, & ce fera même beaucoup fi l'on peut y atteindre à une égalité ; en exceptant toutefois le cas d'un vent entièrement favorable, où les Aéroftats auront un grand avantage fur les vaiffeaux, puifqu'ils n'auront aucun arrêt qui puiffe retarder leur vîteffe égale à celle du vent, & que, fi on a quelques moyens à y ajouter, ils furpafferont même cette vîteffe.

ART DE LA DIREC-TION.

F iij

Les moyens de direction entrevus fe rangent fous cinq claſſes; 1°. les forces de l'homme appliquées aux rames ou à d'autres efpèces de leviers fimples; 2°. ces forces appliquées à diverfes efpèces de machines; 3°. des machines agiſſant par elles-mêmes; 4°. les moyens purement phyſiques; 5°. les moyens phyſico-mécaniques.

M. Étienne de Montgolfier a traité le problême des rames rigoureuſement avec beaucoup de fagacité, dans un mémoire remis à l'académie royale des fciences; il y démontre qu'un Aéroſtat de 70 pieds de diamètre, conduit par deux rameurs, ayant chacun une rame de 100 pieds quarrés de furface, n'auroit tout au plus que 1112 toiſes de vîteſſe par heure, & qu'un Aéroſtat de 26 pieds de diamètre, rempli d'air inflammable, conduit par deux rameurs avec deux rames de 49 pieds de furface chacune, parcourroit également 2516 toiſes dans la même heure. Ces produits font peu fatisfaifans. On en aura d'un peu meilleurs, en réformant la conſtruction des Aéroſtats, pour diminuer la partie choquante de leur furface qui éprouve la réfiſtance de l'air. Ainſi un Aéroſtat de 40 pieds en hauteur & largeur, & de 100 pieds en longueur, mis en mouvement par deux rames de 49 pieds quarrés de furface, parcourroit 1383 toiſes en une

heure par un air calme, & 1507 toises avec
deux rames de 100 pieds. Cette petite augmentation dans le produit de plus grandes rames,
ne contrebalance pas les risques de rupture auxquels elles seroient exposées, ni les plus grands
embarras que leur maniement occasionneroit. En
général cette théorie des rames ne donne pas de
grandes espérances.

Les forces de l'homme appliquées aux mécaniques, présentent plusieurs autres ressources,
qui toutes cependant seront analogues aux rames. Il s'agira toujours de leviers variés. Ces
variations se multiplient au gré de l'imagination.

M. Palmer a fait le modèle d'une roue qu'un
homme mettroit en mouvement par une manivelle. Elle porte quatre aîles ou rames, dont chacune
frappe l'air dans l'espace d'un quart de cercle, où
elle trouve un échappement qui la fait lâcher.
Elles se succèdent ainsi, de manière qu'il y en
a toujours une en action.

M. Vallet, directeur de la manufacture des
acides de Javelle, a fait construire une autre
roue placée sur un bateau. Son mouvement est
produit comme celui de la précédente. Elle est
composée de plans inclinés, qui frappent l'air
sans interruption, & procurent la vîtesse. J'ai
passé & repassé la Seine sur ce bateau qui nous

portoit douze. La vîteſſe du courant étoit au-deſſus de la moyenne, car la rivière marquoit 10 pieds de hauteur ſous le Pont-Royal. Il faiſoit un air de vent variable, mais contraire. Notre trajet & retour fut de huit minutes & demie, tandis qu'un autre bateau à deux rames, chargé de cinq hommes, y employa dans le même tems dix minutes. La théorie de cette roue eſt fort bonne ; mais il manque beaucoup à la perfection de ſa conſtruction, qui a été très-négligée. Ses frottemens ſont durs, & elle diffère en tout très-fort de l'état où M. Vallet a deſſein de la mettre pour en faire l'eſſai ſur un Aéroſtat.

M. Campmas a fait au château des Tuileries l'expérience d'une roue à-peu-près ſemblable. Il a annoncé qu'il la placeroit ſur un Aéroſtat *organiſé* par les vapeurs aqueuſes. Il a oublié d'expliquer de quelle manière il empêcheroit la condenſation de ces vapeurs. On le comblera d'éloges, s'il réuſſit à lever cet obſtacle.

Les mécaniques offrent ſeules & ſans aucun autre agent, l'uſage du plan incliné. Sa conſtruction & la manière de le bien placer ſur l'Aéroſtat, ne ſont pas aiſées. Sa grandeur devra y être proportionnée ; ſa forte conſiſtance & ſa légéreté ſont également requiſes. On pourra calculer ſes effets ſelon qu'on réuſſira à remplir ces conditions. Ils feront une conféquence de l'action variée du feu, qui devra alternativement faire élever & abaiffer l'Aéroftat, en inclinant le plan fous un angle de 20 degrés au-deffus du niveau en montant, & de 10 à 12 degrés au-deffous du niveau en defcendant. M. Smeathman, anglois, célèbre par fes voyages & fes obfervations en Amérique & en Afrique, a fait un mémoire fur la direction, que M. Thornton, ancien préfident de la fociété d'hiftoire naturelle d'Ecoffe, &c. a commenté & amplifié. Il fera publié inceffamment. Le vol des oifeaux, la natation des poiffons & la chûte des corps graves dans l'air, y font difcutés. il y eft conclu que la forme fphérique qui décrit toujours en tombant une ligne verticale, ne fauroit convenir aux Aéroftats, & que leur forme doit être aplatie, qu'il faut leur adapter un grand plan incliné, deux grandes aîles, une double queue fe coupant à angles droits, fervant de gouvernail, & faire ufage pour le feu, de trois ou quatre groffes lampes, telles qu'elles ont déjà été propofées par M. le comte de Milly, ou pour le gas inflammable, un gros Ballon fous la forme d'un gros poiffon.

Les moyens de direction purement phyfiques fe divifent en deux claffes; 1°. les extérieurs,

2°. les intérieurs. Les premiers exiftent dans les airs, & les feconds dans l'Aéroftat. Les premiers exigent une étude profonde & fuivie fans relâche, des courans divers qui parcourent des routes variées dans les différentes régions de l'air. Quelques-uns de ces courans paroiffent procéder de la preffion de la lune fur l'atmofphère. D'autres ont pour origine les effets divers de l'action des rayons du foleil, & de leur répercuffion fur la terre, fuivant fes afpects & l'état de fon fol, fuivant les différentes parties du jour, fuivant les changemens de climats, fuivant leurs variations diurnales, & fuivant la nature des évaporations qui entrent dans la compofition de l'air, ou qui s'y affimilent.

Une raréfaction plus ou moins forte, ou une condenfation, détruifent beaucoup ou peu l'équilibre de l'air. Il faut abfolument que le rétabliffement de cet équilibre fe faffe, & il s'opère, foit d'une manière tempérée, foit d'une manière violente.

Un ouragan n'eft fort & deftructeur que par une néceffité indifpenfable. Il eft furmonté par un courant en direction oppofée, celui-ci par un troifième, &c. On ne pourra s'en fervir utilement que, lorfqu'on les connoîtra bien, en s'élevant ou s'abaiffant pour profiter de celui qui fui-

vra la route qui fera requife. Si l'on en découvre
qui foient régulièrement alifés, ainfi qu'on le
foupçonne, leur fecours fera très-précieux.

Les moyens phyfiques concentrés dans l'Aéroftat, confiftent à pouvoir donner à quelque
partie de fa fuperficie, une extenfion plus forte
que n'aura celle de fon côté oppofé. Cette extenfion produira un mouvement qui emportera l'Aéroftat dans la route qu'il conviendra de lui faire
tenir. M. Jofeph de Montgolfier, qui a conçu
cette idée, croit qu'on pourra la réalifer, en faifant une ou plufieurs ouvertures à l'un des côtés
de l'Aéroftat, qui établiroit une communication
entre l'air environnant & l'air renfermé ; que
de leur contact il en réfulteroit un relâchement
dans cette partie de l'enveloppe, tandis que fa
partie oppofée feroit très-gonflée. Ces préfomp-
tions méritent d'être foumifes à des expériences
réitérées & variées, quand même on n'en reti-
reroit pas d'abord les effets efpérés. On les fe-
condera peut-être par l'art du feu & de fon entre-
tien, par une direction méthodique de l'air introduit fous le réchaud, ou par quelqu'autre moyen
intérieur de projection.

L'étude des moyens phyfiques pour la direction, dépend particulièrement de la connoiffance
du principe actif qui produit l'élévation par fes

effets. L'examen attentif & ſcrupuleux de cette cauſe & de la ſuite de ſes effets, peut conduire à la découverte de ces moyens par une voie directe. Les
phyſiciens ont varié & varient encore ſur ce principe. Il a été d'abord attribué à la raréfaction
de l'air par le feu, comme il étoit très-natu-
rel de le préſumer. Au lieu de ſe borner à l'ap-
précier par le calcul de la légèreté, ſoit de la
force démontrée des Aéroſtats, on a voulu s'en
convaincre en extrayant de l'air renfermé dans
l'Aéroſtat ; & en le peſant, on l'a trouvé plus
lourd que l'air de l'atmoſphère. Il en eſt dérivé des
opinions fantaſtiques & dignes d'être rejettées.

J'obſerve d'abord que cette vérification de l'air
concentré, n'eſt pas bien réfléchie. On a obtenu par elle la meſure du poids, mais celle de
l'étendue a été ignorée. Par la dilatation, la
matière peſée occupoit dans l'Aéroſtat un grand
eſpace, &, par ſa condenſation, cette matière
hors de l'Aéroſtat, n'occupoit plus qu'un eſpace infiniment moindre. J'obſerve enſuite qu'il
n'eſt pas douteux que le feu, en décompoſant
les corps ſoumis à ſon action, ne développe,
en matières aériformes, pluſieurs eſpèces plus
peſantes que l'air commun. Ces eſpeces ſont élevées d'abord par l'excès de la fermentation ; &,
dès que cette fermentation diminue, elles retom-

bent. Il eft bien aifé de s'en convaincre, en fe bornant à jetter un coup-d'œil fur nos cheminées. La flamme la plus pure d'abord ne laiffe appercevoir que des réfidus très-tranfparens, mais une partie ceffe bientôt de l'être, & fe dépofe contre les parois de la cheminée où elle devient fuie; une partie en fort fous la forme opaque de fumée, & retombe peu à peu fur la terre; mais la partie plus confidérable du développement eft invifible, elle eft réellement bien plus légère que l'air qui l'entoure.

Je fuppofe enfin que la plus grande chaleur du feu, foit de 225 degrés. Son action y correfpond dans le centre de l'Aéroftat, depuis le foyer du bas en haut directement, & du centre à la circonférence indirectement, en diminuant progreffivement en fe rapprochant du lieu où elle eft fortement combattue, & enfin anéantie. Tous les réfidus pefans doivent y être jetés.

L'action du feu doit donc être confidérée & évaluée dans fon enfemble & non pas partiellement. Cette action eft très-puiffante dans le centre de l'Aéroftat. Son effet principal confifte dans un écart, au loin, de l'air. La place occupée d'abord par l'air, eft, au moment de l'écart, rétablie fans aucun retard, par un fluide infiniment fubtil, dont la pefanteur eft infenfible.

L'abondance ou la rareté de ce fluide détermine le degré de légéreté de l'Aéroſtat.

L'action du feu eſt la même pour la fuſée que pour l'Aéroſtat, avec cette différence d'effet, que le feu de la fuſée crée autour d'elle une atmoſphère du fluide très-ſubtil, & que le feu de l'Aéroſtat attire ce fluide dans ſon centre.

La chaleur ne doit pas être conſidérée comme une cauſe, mais comme un effet. Elle ſert à indiquer le degré d'intenſité du feu.

J'ai dit que la peſanteur du fluide très-ſubtil étoit inſenſible. Son exiſtence eſt très-reconnue ſous diverſes dénominations ; celles de feu élémentaire, de fluide igné, de fluide électrique, d'agent univerſel, &c. Nous concevrons en effet ſa légéreté inſigne, en démontrant ſon exiſtence dans la plus forte évaporation de l'eau. M. Deſaguilliers a reconnu par une ſuite d'expériences, que la peſanteur de ces vapeurs aqueuſes étoit à celle de l'eau, comme 1 à 14000. La peſanteur de l'eau dans ſon terme moyen, entre l'eau de pluie & celle de rivière, eſt de 70 livres le pied cube, ou de 645120 grains. Je diviſe ces grains par 14000, & le quotient 46,08 indique que le poids du pied cube de la vapeur aqueuſe très-raréfiée, eſt de 46 grains $\frac{2}{25}$. L'eau y réſide. Sa peſanteur eſt connue. Elle y eſt mêlée au fluide, dans le rapport de 1 à 14000. Il paroît à-peu-près évident, que le rapport de la pefanteur du fluide y eft la $\frac{1}{14000}$ partie de celle de l'eau. Elle feroit donc moins que $\frac{1}{100}$ de grain. Confidérons cependant fa force. Elle foutient l'eau contre la violente compreſſion de l'air, quoique 800 fois plus léger, en s'incorporant dans elle, & lui fervant d'atmofphère ou d'enduit ; & quels autres effets cette force ne produit-elle pas ! L'exiftence de ce fluide eft prefque incompréhenfible. On le trouve par-tout ; il réfide dans les corps les plus pefans, & il paffe delà à un état de légéreté extrême. Il eft donc extrême dans fa condenfation, & extrême dans fa raréfaction ; il paroît au moins être tel à notre foible intelligence.

Je me permets de faire ici une très-courte digreſſion pour obferver qu'en fuppofant que l'atmofphère s'étende jufqu'à la rencontre totale de ce fluide (univerfel) très-fubtil, fa hauteur feroit d'environ 21 $\frac{1}{4}$ lieues de 2260 toifes. C'eft le plus grand terme qu'on lui ait préfumé.

M. le marquis d'Arlandes qui a fait les arrangemens néceffaires pour le premier voyage aérien de la Muette, & qui l'a exécuté avec M. Pilatre de Rozier, s'eft beaucoup occupé de la recherche des caufes de l'élévation. Cet amateur zélé des fciences a fait un très - grand nombre d'expériences avec de petits Aéroftats, qui l'ont conduit à conclure ;

1°. Que la caufe principale de l'élévation eft dans la légéreté acquife par la raréfaction & la dilatation de l'air introduit dans l'Aéroftat.

2°. Que cet air, après avoir traverfé le feu, forme enfuite divers courans très-diftincts & très-puiffans d'action.

3°. Qu'il n'eft point néceffaire que l'enveloppe de l'Aéroftat foit imperméable, & qu'il l'eft au contraire d'y pratiquer quelques ouvertures, même au fommet ; que cette précaution tend à provoquer une forte augmentation dans la vîteffe des courans.

4°. Et enfin, qu'on peut efpérer d'obtenir un bon fuccès de ce moyen de direction indiqué par M. Jofeph de Montgolfier, indépendamment des courans de l'atmofphère, qu'il avoit remarqué & reffenti corporellement le premier, dans fon voyage aérien.

M. d'Arlandes a obtenu dans quelques-unes de fes expériences, une vîteffe à fon Aéroftat de 9 & de 10 pieds par feconde, ce qui fait environ 2 $\frac{1}{2}$ lieues par heure.

Il vient de faire conftruire un Aéroftat de toile doublée de papier collé, de 20 pieds de diamè-

tre,

tre, pour continuer fes expériences plus en grand. J'en efpère d'heureux fuccès, au moins en bonne partie, eftimant particulièrement avec lui, que les communications établies d'une manière modérée & bien raifonnée entre l'air concentré & l'air extérieur, ferviront à entretenir & à maintenir l'action vigoureufe du feu, en purgeant l'intérieur, des émanations de la combuftion trop pefantes & fétides, & en s'oppofant à leur condenfation.

M. Jofeph de Montgolfier a prévenu dans un Difcours à l'académie de Lyon, qu'il entrevoyoit encore un autre moyen, mais qu'il n'ofoit pas l'expofer, fans l'avoir auparavant médité, approfondi & calculé dans le filence de la folitude.

Les moyens phyfico-mécaniques font ceux où les uns feront combinés avec les autres, pour s'entr'aider mutuellement & accroître la vîteffe par le concours réuni de leurs effets réciproques.

Lorfque l'on fera parvenu à acquérir une vîteffe de 6 lieues par heure, cette vîteffe formera une réfiftance fuffifante & directe à un vent modéré. Alors on aura par cette réfiftance le point d'appui fi néceffaire pour louvoyer, & la promptitude de la navigation aérienne furpaffera & triplera celle de la maritime. On pourra même s'y fervir de l'ufage d'une voile pour pincer le

G

vent & décrire contre lui un plus grand cercle dans les airs que fur les eaux.

Je le fais, & je l'ai déjà dit, les difficultés font grandes, & de bien de différens genres, mais le nombre des vrais coopérateurs s'accroît. Je compte avec plaifir, parmi eux, M. de Meunier, de l'académie des fciences. MM. Etienne & Jofeph de Montgolfier vont être réunis. Le premier a emporté avec lui le bel Aéroftat qu'il a fait conftruire aux frais du roi, afin de continuer les dernières expériences qu'il avoit commencées au fauxbourg S. Antoine. Ils pourront avec cet inftrument donner de la réalité à leurs idées. Elles font grandes, & ils l'ont bien prouvé. Que ne doit-on pas efpérer de leurs efforts réunis ? L'emploi de leur loifir fera fans doute appliqué à perfectionner l'objet qui a rendu leurs noms fi célèbres, & qui a orné leurs têtes d'une couronne immortelle.

Jetons un coup-d'œil rapide fur les avantages qui réfulteront de l'Aéroftat perfectionné.

Le phyficien obfervateur & fcrutateur de la nature, voit la matière fe transformer dans de nouveaux corps, y vieillir, s'évaporer, & s'unir à l'air, y produire un nouveau chaos, y reprendre de nouvelles forces, y caufer des effets variés & retourner à la terre dont elle s'étoit féparée. Il pourra dorénavant confulter dans le fein même des airs leur être & la nature de leur mélange ; il pourra pénétrer les caufes de tant de phénomènes produits par les vapeurs, de ces brouillards & de ces météores finguliers qui ont effrayé fi fouvent le vulgaire ; il réformera les erreurs d'optique par la connoiffance réelle des faits qui les occafionnent. Il a réuffi à fonder les abîmes de la terre & des eaux; il eft parvenu à éloigner la foudre de fon habitation; il a déjà entrevu l'origine de la grêle; les limites de fon pouvoir vont être agrandies. Son efpoir, en s'élevant dans les airs, fera de parvenir à empêcher la formation de ces fléaux, & d'étendre la fcience même au-delà des efforts préfens de l'imagination. Les vents, les courans divers qui parcourent les airs, ces flux & reflux qui les agitent, leur liaifon avec le fyftême général, tout occupe fes penfées. L'ame enflammée, il va fe livrer aux travaux qui perfectionneront l'inftrument admirable qui lui eft offert, & le jour du fuccès tarde à fon impatience.

L'aftronome qui confomme fi utilement fes veilles à obferver & à décrire les mouvemens des aftres, qui y puife ces règles fi néceffaires aux navigateurs, qui affigne les révolutions de l'univers dans l'immenfité des fiècles, obtiendroit une précifion parfaite dans fes calculs, fi l'opacité des vapeurs ne traçoit très-fouvent une barrière infurmontable entre le ciel & lui, dans les momens les plus précieux, &, s'il n'avoit toujours à reffentir plus ou moins les effets variés des réfractions atmofphériques. Ces obftaces, fi grands, font levés & anéantis par l'Aéroftat.

L'aftronome ne fera donc plus obligé de fufpendre fes travaux, ou d'avoir recours aux corrections & aux approximations ; avec quelle ardeur ne doit-il pas défirer la perfection du moyen de s'élever en véritable maître, au-deffus de ces vapeurs qui s'oppofoient au fuccès complet de fes fublimes recherches ? Parvenu à 3000 toifes de hauteur, il eft très-apparent qu'il n'aura plus à fubir aucune variation dans les réfractions qui refteront à évaluer avec une grande facilité.

Ce navigateur hardi, digne émule de Bougainville & de Coock, qui, moiffonnant la gloire par le mépris des plus grands dangers, parcourt les mers pour y découvrir des terres & des peuples nouveaux, des routes inconnues, des paffages plus prompts & plus fûrs ; qui s'approche, autant qu'il le peut, de l'un & de l'autre pole, eft très-fouvent expofé à des incertitudes très-inquiétantes : un détroit fe préfente, & il ignore où il le conduira. Il s'approche d'une terre dont les bords hériffés ne lui préfentent que des écueils : où trouvera-t-il un port, une anfe abordable ? Un Aéroftat en l'élevant, lui aggrandira l'horifon & fera fon guide. Avec quelle reconnoiffance n'ufera-t-il pas de fon fecours ? Il auroit préfervé un grand nombre de ces hommes généreux perdus dans les flots. Combien n'at-on pas fait de tentatives vaines & fatales pour pénétrer dans les mers du Japon & du Sud par le nord de l'Afie, ou par la baie d'Hudfon ! On pourra à l'avenir les rendre fructueufes, ou l'impoffibilité en fera démontrée. On acquiert beaucoup en s'éclairant affez pour renoncer même à des projets que trois fiècles ont vu échouer.

Le voyageur infatigable, qui, après avoir vifité les nations policées, veut connoître encore les barbares ; qui, en étudiant la nature & l'homme dans tous les afpects, aggrandit le cercle de nos connoiffances, & nous enrichit de fruits & de plantes falutaires, court fouvent les plus grands dangers. Les fecours que l'Aéroftat lui offre, vont les lui tous applanir. Nouvel Abaris, il traverfera par les airs les déferts de fables brûlans, les chaînes de montagnes inacceffibles, les forêts impénétrables & les torrens impraticables.

Un guerrier se renferme dans une place dont la défense lui est confiée. Animé d'un noble courage, consommé dans son art, inébranlable & inaccessible à la crainte, il méprise & repousse les efforts de la plus vive attaque ; mais un ennemi, plus puissant & impérieux, l'obsède ; le besoin ; ses provisions, ses munitions tarissent ; toutes les avenues, tous les passages sur la terre lui sont fermés : ci-devant réduit à de telles extrêmités, il frémissoit de rage, il s'abandonnoit aux murmures ; aujourd'hui un Aérostat instruira au loin de sa situation, un Aérostat lui ramenera l'abondance. Si vous en eussiez joui, illustres & immortels Saguntins, dignes amans de la liberté, votre sang n'auroit pas été répandu inutilement sur vos murs, & vos cendres augustes ne reprocheroient pas encore, & à toujours, à vos fiers aggresseurs, leur énorme attentat.

Le général d'armée, étudiant sans relâche les mouvemens de l'ennemi, se confie à de vils espions, qui souvent l'abusent & le trompent. L'amiral, le commandant d'une escadre, obligé au même devoir, emploie des fregates, des bâtimens légers pour la découverte, & souvent ils sont pris ou écartés. Un convoi destiné à porter au loin des secours nécessaires, est surveillé ; l'incertitude inquiétante est attachée au choix des routes, foit pour la fortie du port, foit pour entrer dans celui de fa deftination. En s'élevant dans les airs un horizon de trente lieues & plus, éclairera merveilleufement fur toutes ces circonftances.

Lorfque toutes les conditions attachées à la perfeçtion requife des Aéroftats, feront obtenues, on pourra les conftruire d'une grandeur fi immenfe qu'elle paroîtra toujours exagérée, jufqu'à ce que l'on en voye les effets. Je fuppofe avec M. Jofeph de Montgolfier un Aéroftat de 100 toifes ou 600 pieds de diamètre, & que les frais de fa conftruction montaffent à fix cens mille livres; fa force enleveroit au-delà de 900 tonneaux de 2000 livres, & c'eft une des plus grandes capacités des vaiffeaux marchands. Je fuppofe enfuite qu'on le faffe naviger de Marfeille à Strasbourg, au fret de fix livres par quintal, qui feroit la moitié du prix ordinaire de la voiture par terre, & que le retour ne foit eftimé que la valeur du dédommagement des frais. Six voyages & retours fuffiroient pour recouvrer la fomme des débourfés, que douze voyages par an doubleroient. On conçoit, par ce premier coup - d'œil, que le commerce, & conféquemment toutes les différentes claffes de la fociété, retireroient des avantages inappréciables

de cette navigation ; que la culture perfectionnée des terres, feroit également recherchée dans
quelque contrée que ce fût, la plus éloignée des
mers, des rivières ou des grands chemins, la
plus entourée de montagnes ou de rochers d'ac-
cès difficile & difpendieux ; & qu'en un mot,
les communications les plus heureufes & les plus
aifées s'établiroient fur toute la terre.

La defcription de tous les autres avantages de
la navigation aérienne feroit inutile pour le but
que je me fuis propofé en en décrivant une
partie. Leurs conféquences font fi importantes,
qu'elles doivent encourager & exciter les travaux
& les efforts néceffaires pour les réalifer, & pour
acquérir à cette découverte la perfection qu'elle
exige. Elle a déjà fait un grand pas depuis le
Ballon d'Annonai, jufqu'à l'Aéroftat de la Muette. MM. l'abbé Miolan & Janinet ont fait conftruire un bel Aéroftat du diamètre moyen de
90 piels environ. Cet inftrument, bien fecondé
par le public (qui le doit, puifque c'eft pour lui
qu'on travaille), pourra fervir cet été, & jufqu'à l'arrière-faifon. Ces Meffieurs joignent à leurs
talens une rare modeftie, & ils font difpofés à
recevoir avec reconnoiffance, les bonnes directions
& les fages avis que les favans & les hommes inf-
truits s'emprefferont fans doute de leur donner.

Les Aéroſtats remplis d'air inflammable, ne ſerviront jamais aux objets de néceſſité & d'un uſage ordinaire. Ils ſont trop diſpendieux, & la durée du gaz eſt trop courte; cependant on en retirera de ſi grands ſecours pour accélérer les progrès rapides des ſciences phyſiques, qu'il faut non-ſeulement ne pas les rejeter, mais s'em-preſſer de les employer ſans retard à toutes les expériences auxquelles ils ſont propres. Ils doivent d'autant plus être mis en uſage, qu'ils promettent avec ſureté, un degré de préciſion dans les produits de ces expériences, tel, que j'ignore quel autre moyen on pourrroit leur comparer qui fût auſſi ſatisfaiſant, ou qui s'en rapprochât même en partie.

La dépenſe du gaz a été d'abord exceſſive. L'inexpérience & le défaut d'habitude de le créer en grand, ont cauſé des frais énormes; ces frais ont encore été augmentés par l'obſtination des praticiens, qui ont dédaigné juſqu'à ce jour de ſe conformer à une bonne théorie qui leur étoit indiquée, & qui ſe démontre mathématiquement.

Le gaz inflammable eſt eſtimé être à l'air com-mun, dans les rapports de 1 à 8, ou de 1 à 10. Je parle de celui tiré du fer par l'acide vitrio-lique. Cette eſtimation ſe fait en le renfermant ſous une enveloppe ſolide, telle que le verre. Il ne devoit pas en être de même, lorſqu'il ſeroit renfermé ſous une enveloppe flexible comme le taffetas, où il eſt comprimé par le poids d'une colonne de l'atmoſphère d'un diamètre égal à celui de l'aire du Ballon. L'élaſticité du gaz oppoſe enſuite ſa réſiſtance à la compreſſion de l'air, & le gaz ſe trouve alors avec l'air dans le rapport de 1 à 5 $\frac{1}{4}$ environ, plus ou moins, & à peu près. L'effort de cette élaſticité devoit produire une expanſion progreſſive, à meſure que le Ballon, en s'élevant, reſſentiroit moins la compreſſion de l'air, qui deviendroit plus léger en paſſant d'un degré d'élévation à un degré ſupérieur. J'avois déduit qu'il falloit conſéquemment ſe régler ſur ces deux progreſſions ſi évidentes, l'une croiſſante, celle de l'expanſion; l'autre décroiſſante, celle de la compreſſion; & qu'elles diċtoient d'introduire le gaz dans le Ballon en quantité moindre que ſa capacité, & relative à ces deux effets, en ayant égard toutefois à la réſiſtance propre de l'enveloppe & à ſa perméabilité, qui permettent d'excéder un peu cette quantité, puiſque le gaz qui s'en échappe peu à peu, tend à la ſoulager. En raiſonnant ces élémens divers de calcul, j'en avois conclu, avant la première expérience du Champ-de-Mars, qu'on devoit ſe borner à une introduċtion de gaz dans le Ballon qui y étoit deſtiné ſeulement pour les deux tiers de ſa capacité. C'eſt ce qui n'a point été fait encore, quoique tous les phy-ſiciens-géomètres ſoient du même avis, & que les praticiens y euſſent rencontré une très-grande économie. M. Vallet a indiqué & pratiqué une ſeconde économie encore plus forte : il a réduit le prix du pied cube de gaz à 3 $\frac{1}{2}$ ſols, en corrigeant ſon extraction dans l'appareil & dans les matières.

Tous ceux qui s'intéreſſent à l'augmentation & à l'amélioration des connoiſſances vraies & utiles, doivent déſirer avec moi que des bons obſervateurs phyſiciens & géomètres experts ſur qui l'on puiſſe compter, & à l'abri de tout doute, conſentent à ſuivre un cours de ſemblables expériences, qui ſeroient à bon droit dénommées ſublimes. Elles ouvriroient la plus belle carrière pour pénétrer dans les ſecrets de la nature.

Je ſuppoſerai donc trois de ces obſervateurs qui préméditeroient de s'élever juſqu'à 2900 toi-ſes environ, où le baromètre eſt ou approche de 14 pouces. Ce point eſt celui où l'effet des réfrac-tions de l'atmoſphère eſt diminué de moitié.

Il leur conviendra de ſe ſervir d'un Aéroſtat ſphérique, de 45 pieds de diamètre. Le poids de l'air déplacé par la capacité, ſera de 4100 liv. ſur la terre, & de 2050 liv. à la haute région de

2900 toises. On combinera donc la Machine, de manière qu'avec l'air inflammable, les obfervateurs & tout l'appareil, elle ne pèfe pas plus que 2050 liv.

On y introduira enfuite 30000 pieds d'air inflammable qui déplaceront 2578 liv. d'air fur la terre, & on fe fera procuré une différence de 528 liv. à employer en left pour établir l'équilibre. Ce poids ajouté à l'Aéroftat, indiquera le moment de l'équilibre, & celui où on ceffera l'introduction du gaz. Il y en aura 6000 pieds de trop, & cette quantité ne caufera pas de rupture, quand même il ne s'en perdroit point, parce que l'excès de fa force expanfive fera de 287 liv. par pied, & que l'enveloppe en fupporteroit le double.

Il faudra divifer le left en quatorze portions, combinées de manière qu'à mefure qu'on en jetera une, la force d'afcenfion détermine les équilibres fucceffifs dans chacun defquels le mercure defcendra d'un pouce, ou à peu près, dans le tube du baromètre.

Le choix de l'étoffe pour l'enveloppe doit être réfléchi. Je préférerois le fatin au taffetas, parce qu'il eft bien mieux couvert par fa chaîne, & qu'il fera, par cette raifon, moins perméable. Un bon vernis bouchera plus exactement fes pores. Sa largeur ordinaire eft de $\frac{7}{16}$ d'aune, ainsi l'aune contient 5 ½ pieds quarrés ; ce pied étant verni, pèsera 6 gros ou ¾ d'once, d'un satin de 2 ½ onces l'aune.

La dépense d'une première expérience seroit de 14000 liv. environ, & de 5400 liv. pour chacune des suivantes.

Les instrumens nécessaires aux expériences sont une montre à secondes, le baromètre, le thermomètre, l'hygromètre, une boussole & un télescope ou lunette acromatique. Il faudra noter d'abord en arrivant à l'équilibre la seconde, & 8 ou 10 diminutes après, l'état très-exact des autres instrumens ; & cet espace de tems écoulé, on jetera une portion du lest. On observera continuellement la boussole pour noter toutes ses variations, & à chacune d'elles on ajoutera celle de la hauteur du baromètre.

Comme il ne faut négliger aucun moyen pour parvenir à se procurer tous les élémens de calcul avec une précision qui ne laisse rien à désirer, il sera à propos de se pourvoir d'une corde de 5000 toises de longueur. Elle est requise très-forte & légère, capable de soulever & soutenir un poids de 200 livres. La soie remplira ces conditions, en choisissant un orgacin superfin, dont on fera d'abord des ficelles avec trois bouts, & ensuite des cordons avec six ficelles

entrelacées. Les 5000 toifes ne pèferont pas même
quatre livres.

On attachera cette corde à l'Aéroftat, après
l'avoir étendue avec foin fur la terre, afin que,
lorfqu'il s'élevera, elle fe développe & le fuive
fans effort. Elle fera garnie, à chaque centaine
de toifes, d'un ruban de couleur différente à
chacune, pour que l'on fache, au moment qu'ils
feront foulevés de terre, combien il y a de longueur de développée, & qu'on note à chacun
des développemens le tems précis à un quart de
feconde d'exactitude. On obfervera les déviations
de l'Aéroftat avec toute l'attention poffible, afin
de faire les corrections néceffaires. Il eft certain
qu'en comparant les obfervations faites ainfi fur
la terre, avec celles qui feront faites en même
tems fur l'Aéroftat, on aura la raifon du poids
de l'air, de fa réfiftance & de fa raréfaction,
dans les fix premiers termes de l'abaiffement d'un
pouce du mercure du baromètre avec une précifion parfaite, & que cette théorie en acquerra
un degré de certitude fi évidente, qu'elle ne
laiffera rien à défirer. Les fix premiers termes
de l'élévation en procureront une verticale de
1010 toifes, un peu plus ou un peu moins, fuivant la température de l'air.

Après avoir approfondi & déterminé la théorie

de la raréfaction de l'air, on aura à s'occuper de celle de fa compofition, de fa température & de fes accidens.

La compofition de l'air pourra être fondée en emportant des vafes pleins d'eau, que l'on vuidera & effuyera exactement à chaque lieu d'équilibre, où ils fe rempliront d'air. On les fcellera bien, afin de pouvoir les analyfer après le retour. On aura la précaution de fe pourvoir avec l'hygromètre d'un choix de corps qui contractent l'humidité avec le plus de facilité, pour reconnoître dans l'air même le degré d'exiftence des vapeurs aqueufes, & leur augmentation ou diminution. Elles jouent un très-grand rôle dans l'atmofphère. L'air que nous refpirons en eft chargé. Elles y font donc accompagnées d'une quantité de fluide très-fubtil, qui diminue 800 fois leur pefanteur. Elles s'élèvent enfuite progreffivement dans le rapport de la plus forte raréfaction obfervée, où elles ne pèfent plus que 46 grains $\frac{2}{15}$, & qui indiquent qu'elles peuvent atteindre à une hauteur de 12600 toifes, environ, fauf toutefois les corrections que peuvent y apporter, ou en augmentation la force expanfive foit dilatante, ou en diminution, la condenfation. Les loix de la nature font fixes, certaines & invariables. Auffi-tôt qu'on fe fera pro-

curé un nombre fuivi de termes en progref-
fions exactes, foit croiffantes, foit décroiffan-
tes, on fera affuré de déterminer tous les autres
termes fans errer.

La température de l'air eft très-variable auprès
de la terre, à caufe de la différence des effets de
la percuffion & de la répercuffion des rayons
du foleil, & des divers mêlanges des évaporations. Les répercuffions font divergentes, & de-
viennent peu à peu infenfibles. Les effets des évaporations diminuent également à mefure qu'elles
fe rendent plus rares, & on trouvera vraifem-
blablement un degré de température fixe ; ou au
moins à-peu-près, depuis une hauteur détermi-
née en fus.

L'étude de la marche de la bouffole dans les
hautes régions eft très-effentielle, & elle pourra
conduire à faire connoître la raifon du phéno-
mène fi intéreffant de fa direction.

Les obfervations des effets électriques, leur
analogie avec l'état de l'air dans les différentes
hauteurs de l'atmofphère, leur correfpondance
& liaifon réciproque avec les météores & avec
tous les phénomènes produits dans le fein des
airs, feront autant de moyens directs pour aider à les expliquer & à les interpréter.

Les courans divers qui agitent les airs, font,

comme

comme je l'ai dejà remarqué, les agens de la nature pour rétablir l'équilibre dans l'atmofphère. Cet équilibre eft dérangé d'abord par les diverfes influences des climats, ou par les variations locales des raréfactions, ou par la preffion variable de la lune. Il peut donc y avoir des courans conftans, d'autres variables par des caufes déterminées & périodiques, & d'autres variables par des caufes accidentelles. L'action d'un courant en produit un autre contraire, foit au-deffus, foit au-deffous de lui. Quel champ vafte à exploiter pour l'intelligence humaine!

Comme la théorie des courans eft très-digne d'occuper l'attention des obfervateurs, ils feront très-fagement de fe pourvoir de Ballons d'une médiocre grandeur, pour les lâcher lorfqu'ils feront parvenus à leur plus haute élévation. Ils acquerront par eux la connoiffance du cours de l'atmofphère à un millier de toifes de plus.

Ces Ballons fecondaires feront combinés fuivant les loix de la dilatation; & pour acquérir une connoiffance pratique de ces loix, on pourroit en remplir un entièrement fur terre, & obferver enfuite très-exactement le lieu & le moment de fa rupture.

Les expériences fur la gravitation, la raréfaction, l'électricité & quelques autres objets, fe fe ront à une hauteur de 1200 à 1500 toifes, d'une manière très-fatisfaifante, fans être obligé d'aller plus haut. Il feroit très-convenable d'y ajouter en même-tems des moyens d'effai pour la direction. Il faut réduire la dépenfe, & on pourroit, pour cet effet, conftruire un Aéroftat fur deux diamètre, l'un de 16 pieds de hauteur, l'autre de 48 pieds de longueur, pour deux obfervateurs, auquel on joindroit un fecond Ballon de 16 pieds de diamètre qui produiroit l'effet de l'élévation, & qu'on lâcheroit pour redefcendre, en laiffant couler la corde à laquelle il feroit attaché, qui ferviroit à le retirer à terre lorfqu'on y feroit arrivé.

Les élémens de calcul qu'on obtiendroit par ces procédés, ferviroient très-bien pour réfoudre tous les problêmes qu'offrent les grands Aéroftats à feu, ainfi que pour rendre leurs ufages plus généraux & plus utiles.

Le fatin que je propofe pour fervir à l'enveloppe, feroit bien remplacé & mieux encore, fans augmentation de dépenfe, par un taffetas florence fur lequel on coleroit un mi-florence, enduits tous deux d'un bon vernis; j'eftime qu'une telle enveloppe fe rapprocheroit fort de l'imperméabilité, & que la force de fa réfiftance feroit au moins de 800 livres par pied.

Toutes ces expériences répétées par un grand

nombre de savans, dans différens climats, saisons & hauteurs, produiront un concours d'observations dont il naîtra des connoissances aussi utiles qu'évidentes. Je suis bien éloigné d'en avoir épuisé le détail; mais je crois avoir dit assez pour faire sentir leur utilité & leur importance.

On a objecté, & on objectera sans doute encore; l'homme respirera-t-il bien à une hauteur de 2900 toises? Il l'essaiera, & il sera le maître avec son lest de s'arrêter au lieu où il pressentiroit du danger à l'outre-passer. Mais ne s'exposera-t-on pas à de très-grands risques? Ils seroient très-grands, si l'on se hasardoit en tout tems, & au milieu de grands orages, au milieu du combat & de l'entre-choc des vents. Ces circonstances évitées, il paroît qu'il y a moins de risques à courir dans les airs que sur la terre même, & très-certainement infiniment moins que sur les eaux. N'est-il pas positif qu'on pourra abuser de la navigation aérienne? Nous ne la possédons pas encore assez parfaitement, nous en sommes même éloignés; mais quand cette perfection sera acquise, on aura par elle mille moyens pour en empêcher les abus, pour inspecter les contrebandiers, pour arrêter les voleurs, & pour réprimer les crimes qui troublent l'ordre de la société, &c.

L'amour des sciences, celui de l'humanité,

le zèle du patriotisme, le défir de la célébrité, & une infinité d'autres motifs puiffans, font bien dignes d'inciter la claffe opulente des vrais citoyens, & celle des favans & des habiles artif- tes, à réunir leurs moyens & leurs efforts pour frayer la route qui conduira à l'acquifition de tant de connoiffances, & d'un auffi grand nom- bre d'avantages & d'utilités infignes. Si l'imagi- nation s'égare fouvent dans les objets qu'elle entrevoit, en échange fouvent elle ne prévoit pas tout, & de foibles ruiffeaux dans leur origine, produifent enfin des grands fleuves. L'Aéroftat a élevé d'abord fa tête altière, & il a promis auffi-tôt au vrai philofophe, dans fes méditations profondes, de combler les hommes de bienfaits inefpérés.

EXTRAIT

DE L'OUVRAGE DE LANA,

Intitulé :

*Prodromo overo ſaggio di alculne in-
ventioni nuove premeſſo all' arte maeſtra
opera che prepara il P. Franceſco Lana,
Breſciano, della Compagnia di Cieſu. In
Breſcia, M DC LXX, per li Rizzardi.*

Capo Sesto.

*Fabbricare una nave, che camini ſoſtentata
ſopra l'aria a remi, e a vele, quale ſi dimoſtra poter riuſcire nella prattica.*

Non ſi è fermato nelle precedenti inventioni
l'ardire e curioſità dell' inteletto umano ; ma in
oltre hà cercato come gl' uomini poſſano anch'
eſſi a guiſa d' uccelli volare per l'aria ; e non
è forſe favoloſo ciò che di Dedalo, e d'Icaro
ſi racconta : Imperciocchè narraſi per coſa certa
che un tale di cui non ſovvienmi il nome, â
tempi noſtri con ſimile artificio, paſſò volando

H iij

dall' una all' altra parte del lago di Perugia, benche poi volendofi pofare in terra fi lafciò cadere con troppo impeto, e precipitò a cofto della fua vita. Niuno però mai hà ftimato poffibile il fabricare una nave, che fcorra per l' aria, come fe foffe foftenuta dall' aque; imperocchè hanno giudicato non poterfi far machina più leggiera dell' aria fteffa, il che è neceffario acciò poffa feguire l'effetto defiderato.

Or io che fempre ebbi genio di ritrovare inventioni di cofe le più difficili, dopo lungo ftudio fopra di ciò, ftimo avere ottenuto l'intento di fare una machina più leggiera in fpecie dell' aria, fi che non folo effa con la propria leggierezza ftia follevata in aria, ma poffa portare fopra di fe uomini, e qualfivoglia altro pefo; ne credo d' ingannarmi, effendo che dimoftro il tutto con ifperienze certe, e con una infallibile dimoftrazione del libro undecimo d' Euclide, ricevuta per tale da tutti i matematici. Farò dunque prima alcune fuppofitioni, dalle quali pofcia dedurro il modo prattico di fabricare quefta nave, la quale fe non meritarà come quella di Argo, d' effer pofta trà le ftelle, falirà almeno verfo di effe da fe medefima.

Suppongo in primo luogo, che l' aria abbia il fuo pefo, a cagione dei vapori ed efalationi

che all' altezza di molte miglia si sollevano dalla
terra, e dall' aque, e circondano tutto il noftro
globo terraqueo; e ciò non mi farà negato da' filofo-
phi, che fono leggiermente verfati nelle 'ifperienze; poichè è facile il farne la prova, con cavare
fe non tutta almeno parte dell' aria, che fia in
un vafo di vetro : il quale pefato prima, e dopo
che n' è ftata cavata l' aria fi ritroverà notabil-
mente diminuito di pefo. Quanto poi fia il pefo
dell' aria io l' ho ritrovato in quefta maniera. Ho
prefo un gran vafo di vetro il di cui collo fi
poteva chiudere, ed aprire con una chiavetta e
tenendolo aperto l' ho rifcaldato al fuoco tanto
che rarefacendofi l' aria ne ufci la maggior parte :
poi fubito lo chiufi sì che non poteffe rientrar-
vi, e lo pefai; ciò fatto fommerfi il collo nell'
aqua, reftando tutto il vafo fopra l' aqua ifteffa,
e aprendolo fi alzò l' aqua nel vafo, e ne riempì
la maggior parte : l' aprij di nuovo e ne feci
ufcir l' aqua, quale pefai, e ne mifurai la mole,
e quantità; dal che inferifco che altrettanta quantità d' aria era ufcita dal vafo, quanta era la
quantità dell' aqua che vi era entrata per riem-
pire la parte abbandonata dall' aria; pefai di
nuovo il vafo prima ben rafciugato dall' aqua,
e ritrovai che pefava un oncia più mentre era
pieno d' aria di quello pefaffe, quando n' era

uſcita una gran parte. Sì che quello di più che
peſava era una quantità di aria uguale in mole
all' aqua che vi entrò in ſuo luogo : L' aqua
peſava 640 oncie, onde concludo che il peſo dell'
aria paragonato à quello dell' aqua è come 1 a
640 cioè a dire ſe l' aqua , che riempie un vaſo
peſa 640 oncie , l' aria che riempie il medeſimo
vaſo peſa un' oncia.

Suppongo ſecondo che un piede cubico di
aqua , cioè l' aqua che può ſtare in un vaſo qua-
dro , largo un piede , e altrettanto lungo , e
alto peſi 80 libre cioè oncie 960 conforme all'
iſperienza del Villalpando che è quaſi deltutto
conforme alla mia : Imperchiocchè ritrovai che
quell' aqua la quale peſara 640 oncie era poco
meno di due terzi di un piede cubico. Dal che
viene in neceſſaria conſeguenza , che ſe due terzi
di un piede d' aria peſa un' oncia, un piede intiero
peſara un' oncia e mezza.

Terzo, ſuppongo che ogni gran vaſo ſi poſſa
vuotare da tutta, o almeno quaſi tutta l' aria;
e ciò dimoſtrerò farſi in varij modi nell' opera
dell' arte maeſtra , comme ſpiegarò à ſuo luogo;
intanto acciò tal uno non ſtimi che ſia una vana
promeſſa , ne inſegnarò qui uno de più facili.

Pigliſi qualſivoglia gran vaſo , che ſia tondo ,
e abbia un collo , a al collo ſia conneſſa una

canna di rame, o di latta lunga almeno 47 palmi romani moderni, ed essendo più lunga l'effetto farà più sicuro; vicino al vaso sia una chiavetta che chiuda per tal modo il vaso, che non vi possa entrare aria: si riempia di aqua tutto il vaso con tutta la canna; poi chiusa la canna nella parte estrema si rivolti il vaso sì che stia nella parte di sopra, e la parte estrema della canna si sommerga dentro all' aqua; e mentre è immersa nell' aqua si apra, acciò esca l' aqua dal vaso, la quale uscirà tutta restando piena la canna sino all' altezza di palmi 46 minuti 26 e tutto il rimanente di sopra sarà voto, non potendo entrar aria per alcuna parte; allora si chiuda il collo del vaso con la chiavetta, e si avrà il vaso vuoto; che se alcuno non lo crede lo pesi, e ritroverà che quanti piedi cubici d'aqua sono usciti da esso, altre e tante oncie e mezze oncie di meno peserà diquello pesava prima, quando era pieno di aria; il che basta, per il mio intento, non volendo qui disputare, se resti vuoto d'ogni sorte di corpo; del che discorrerò a suo luogo, diffendendo che non può esser vacuo, e insieme mostrando che non vi resta corpo, il quale sia di alcun peso.

Quarto, suppongo esser vere ed infallibili le dimostrationni del libro 11 e 12 di Euclide ri-

cevute da tutti i filofofi e matematici ed evidenti
per manifefta ifperienza; nelle quali fi prova,
che la fuperficie delle palle o sfere crefce in ragione duplicata delli loro diametri, dove che
la folidità crefce in ragione triplicata delli me-
defimi diametri : ed acciò quefto fi poffa inten-
der da tutti : fi deve fapere che allora la ragione, o proportionne è duplicata , quando
fi pigliano tre numeri in tal modo, che il terzo
contenga il fecondo tante volte , quante il fecondo contiene il primo , come nell' efempio qui
pofto

$$
\begin{array}{ccc}
1 & 2 & 4 \\
1 & 3 & 9 \\
1 & 4 & 16
\end{array}
$$

dove il terzo numero 4 contiene il fecondo numero 2 tante volte quante il 2 contiene l' 1,
cioè due volte ; e fimilmente, il terzo numero
9 contiene il fecondo 3 tante volte , quante il
tre contiene l' uno , cioè tre volte.

Allora poi la proportionne è triplicata, quando fi pigliano quatro numeri in modo tale, che
il quarto contenga tante volte il terzo , quante
quefto contiene il fecondo, ed il terzo contenga tante volte il fecondo, quante quefto,
contiene il primo , come fi vede in quefto altro
efempio.

| I | 3 | 9 | 27 |
| I | 4 | 16 | 64 |

Dimoſtra dunque Euclide che la ſuperficie delle palle, o ſfere creſce in proporzione duplicata delli diametri, cioè ſe pigliaremo due palle, una delle quali ſia di diametro groſſa il doppio dell' altra, per eſempio una di un palmo di diametro, l'altra di due; la ſuperficie della palla di due palmi farà quattro volte più grande della ſuperficie della palla di un palmo; e che tutto il corpo, o ſolidità della palla di due palmi creſcendo in proporzione triplicata farà otto volte più grande, e per conſeguenza otto volte più peſante della palla di un palmo di diametro; ſicchè la ſuperficie della maggiore alla ſuperficie della minore farà come 4 à 1, e la ſolidità farà come 8 à 1. La quale verità oltre la dimoſtrazione ſpeculativa ſi può vedere in pratica, peſando l' aqua che empie una palla di un palmo di diametro, e quella che empie un' altra palla di due palmi: con il che avremo la proportione triplicata della ſolidità: la proportione poi duplicata della ſuperficie la ritrovaremo miſurando la ſuperficie delle medeſime palle, o vaſi: dove di paſſaggio avverta una regola utile all' economia, e *ſparamio* nella ſpeſa de' materiali, volendo fare botti per tener vino, facchi, o altri vaſi neceſſarij : cioè che facendo una ſola botte con quei legnàmi con i quali ſe ne farebbero due, quella botte ſola terrà in ſe il doppio di vino di quello; che farebbero tutte due le botti; coſì anche, ſe la medeſima tela, che fòrma due ſacchi ſi unirà inſieme facendone un ſacco ſolo, queſto ſolo ſacco terrà il doppio più grano di quello, che tenevano li due ſacchi.

Quinto, ſuppongo con tutti i filoſofi, che quando un corpo è più leggiero in ſpetie, com' eſſi parlano, di un' altro, il più leggiero aſcende nell' altro più greve, ſe il più greve, ſia corpo liquido; come una palla di legno, aſcende ſopra l' aqua, e galleggia perchè è più leggiera in ſpetie dell' aqua; coſì anche una palla divetro ripiena d' aria galeggia ſopra l' aqua, perchè ſebbene il vetro è più greve dell' aqua tutto il corpo però della palla pigliando il vetro inſieme con l' aria è più leggiero di quello che ſia altrettanto corpo di aqua : che queſto è l' eſſere più leggiero in ſpetie.

Preſuppoſte queſte coſe, certo è che ſe noi poteſſimo fare un vaſo di vetro, od' altra materia, il quale peſaſſe meno dell' aria, che vi ſtà dentro, e poi ne cavaſſimo tutta l' aria, nel modo inſegnato di ſopra; queſto vaſo reſtarebbe più leggiero in ſpetie dell'aria medeſima; ſicchè per il quinto fuppofto galleggiarebbe fopra l'aria, ed andrebbe in alto. Per efempio, fe poteffimo fare un vafo di vetro, che teneffe un piede di aqua, cioè ottanta libre, e foffe tanto fottile, che pefaffe meno di un oncia, e mezza; cavata che ne foffe l'aria, la quale per la prima e feconda fuppofizione pefarebbe un' oncia e mezza, effo vafo reftarebbe più leggiero dell' aria medefima, ed afcenderebbe fopra effa foftenuto dalla propria leggierezza. Quefto vafo avvegnachè capace di un piede di aqua nulladimeno così fottile, che pefi meno di un' oncia e mezza non fi può fare ne di vetro ne di altra materia ficchè refti fodo, e confiftente; ma fe noi faremo un vafo molto più grande con il doppio di vetro avremo un vafo, che terrà quattro volte più d' aqua, cioè quattro piedi e per confeguenza fei oncie d' aria; effendochè per il quarto fuppofto la capacità del vafo crefce al doppio più della fupperficie; onde chi faceffe un vafo capace di quattro piedi d' aria, e che pefaffe meno difei oncie, cavatene le fei oncie, d' aria, farebbe più leggiero dell' aria: ed il fare quef- to fecondo vafo certo è al doppio meno dif- ficile che fare il primo. Ma perchè ancor quef- to fecondo non è forfi fattibile tanto leggie- ro, che fia meno di fei oncie, efia capace di quattro piedi d' aria, se ne faccia un altro maggiore, il quale sia al doppio capace del secondo, cioè di otto piedi, e per conseguenza di 12 oncie di aria, il quale pesi meno di dodeci oncie; ed il fare questo terzo vaso sarà più facile che il secondo. In somma si vada crescendo l' ampiezza del vaso, poichè questa crescerà sempre più di quello che cresca la superficie, cioè la materia ed il peso, con cui si fabrica : onde arrivaremo ad una tale grandezza, che ancor che sia fatto di materia soda e pesante : il peso però dell'aria che conterrà in se, sarà maggiore del peso della materia che compone la superficie di esso vaso ; perchè come si è detto la capacità, e grandezza cresce al doppio della superficie.

Vediamo ora di quale determinata grandezza si possa fare un vaso di rame condotto sottile sì, ma non tanto che sia difficile il farlo; e poniamo che la sottigliezza del rame sia tale, che una lastra di esso larga e lunga un piede pesi tre oncie, il che non è cosa difficile. Faremo dunque con questo rame tirato alla detta sottigliezza un vaso tondo, il diametro, o grossezza del quale sia di 14 piedi : dico che questo vaso peserà meno di quello che pesi l' aria che vi sta dentro; sì che cavatane fuori l' aria, e restando il vaso più leggiero di ugual mole di aria necessariamen-

te afcenderà da fe fteffo fopra l' aria. Per dimof-
trarlo mi fervo delle regole infallibili che dà Archimede per mifurare una sfera; dice dunque,
ed è dimoftrazione ricevuta da tutti , che la proportione del diametro alla circonferenza di un
circolo , è come 7 a 22 poco meno; cioè fe il
diametro è 7 piedi , la circonferenza e il giro
farà 22 piedi ficchè ponendo il noftro vafo di
14 piedi di diametro, la circonferenza farà di 44
perchè come 7 à 22 così è 14 à 44. Per vedere
poi di quanti piedi quadri fià tutta la fuperficie
del vafo tondo , infegna che fi deve multiplicare effo diametro per la circonferenza ; ficchè
multiplicheremo 14 per 44 ed avremo la fuperficie di quefto vafo tondo , che faranno 616 piedi
quadri di laftra di rame, ciafcuno de' quali abbiamo pofto che pefi tre oncie, ficchè multipli-
cando 616 per 3 avremo 1848 oncie ; che è il
pefo di tutto il rame con il quale è fabricata la
palla, cioè libre 154. Vediamo ora fe l' aria
che fi contienne in quefto vafo pefi più di 154
libre poichè fe così è, cavatane l' aria refterà il
vafo più leggiero di lei : e quanto farà più leggiero della medefima, altrettanto pefo potrà alzare feco, efollevarlo in aria. Per vedere il pefo
dell' aria che vi fta dentro, bifogna vedere quanti
piedi cubici di aria contenga , ciafcuno de' quali

abbiamo moſtrato che peſa un' oncia e mezza.
Per ciò fare inſegna di nuovo Archimede , che bi-
ſogna multiplicare il ſemi diametro , che ſarà
piedi 7 , per la terza parte della ſuperficie che
ſarà 205 e $\frac{1}{3}$; il che fatto, avremo la capacita
del vaſo , che ſarà piedi 1437 e un terzo, e perchè ogni piede di aria peſa un' oncia , e mezza,
ſarà il peſo di tutta l' aria contenuta nel vaſo
oncie 2155 e due terzi cioè libre 179 , oncie 7
e due terzi. Avendo dunque veduto che il rame ,
di cui è formato il vaſo peſa ſolo 154 libre reſta
il vaſo più leggiero dell' aria 25 libre , oncie 7
e due terzi , come aveva propoſto di dimoſtrare;
ſi che cavata fuori queſt' aria , non ſolo ſalirà ſopra l' aria , ma potrà tirar ſeco in alto un' peſo
di 25 libre e oncie 7 e due terzi.

Ma acciò che poſſa alzar maggior peſo , e
ſollevare uomini in aria pigliaremo il doppio di
rame , cioè piedi 1232 che ſono libre di rame
308 con il qualrame duplicato potremo fabricare un vaſo , non ſolo al doppio più capace,
ma quattro volte più capace del primo , per la
ragione più volte replicata della quarta ſuppo-
ſitione ; e per conſeguenza l' aria , che ſi conterrà in detto vaſo ſarà libre 718 , oncie 4 e due
terzi sì che cavata queſt' aria dal vaſo , queſto
reſterà 410 libre e oncie 4 e due terzi , più leggiero

giero di altrettant' aria, e per confeguenza potrà
follevare tre uomini, o due almeno; ancor che
pefino piu di otto pefi per uno.

Si vede dunque manifeftamente, che quanto
più grande fi farà la palla, o vafo fi potrà anche adoperare laftra di rame, o di latta più
groffa, e foda; imperciocche febbene crefcerà
il pefo di effo, crefcerà però fempre più la capacità del medefimo vafo, e per confeguenza il
pefo dell' aria; onde potrà fempre alzare in aria
maggior pefo.

Da ciò fi raccoglie facilmente, come fi poffa
formare una machina la quale a guifa di nave
camini per l' aria; fi facciano quattro palle ciaf-
cuna delle quali fia atta ad alzare due o tre uomini, come fi è detto poco avanti; le quali fi
votino dall' aria nel modo fopra moftrato. Quefte
fi connettano infieme con quattro legni, fi formi
una machina di legno fimile ad una barca, con
il fuo albero, vele, e remi: e con quattro funi
uguali fi leghino alle quattro altre palle, dopo
che fi farà cavata fuori l' aria, tenendole legate
a terra acciò non sfuggano e fi follevino prima
che fiano entrati gli uomini nella macchina; allora fi fciolgano le funi rallentandole tutte nel
medefimo tempo: così la barca fi folleverà fopra
l' aria, e porterà feco molti uomini più o meno

conforme la grandezza delle palle, i quali potranno servirsi delle vele, e de' remi a suo piacere
per andare velocissimamente in ogni luogo sino
sopra alle montagne più alte.

Ma mentre riferisco questa cosa rido tràme stesso
parendomi che sia una favola non meno incre-
dibile, e strana di quelle, che uscirono dalla vo-
lontariamente pazza fantasia del lepidissimo capo
di Luciano; e pure dall altro canto conosco chia-
ramente di non avere errato nelle mie prove,
particolarmente avendole conferite a molte per-
sone intendenti e savie; le quali non hanno sa-
puto ritrovare errore nel mio discorso; ed hanno
solo desiderato di poter vedere la prova in una
palla, che da se stessa salisse in aria; quale avrei
fatta volontieri prima di pubblicare questa mia
inventione, se la povertà religiosa che professo
mi avesse permesso lospendere un centinajo di
ducati, che sarebbero d'avantaggio per soddis-
fare a sì dilettevole curiosità; onde prego i let-
tori di questo mio libro a quali venisse curiosità di fare questa esperienza che mi vogliano
ragguagliare del successo, il quale se per qualche
diffetto commesso nell' operare non sortisse feli-
mente potrò forsi additarli il modo di correg-
gere l' errore; e per animare maggiormente cias-
cuno alla prova voglio sciogliere alcune difficoltà,

che potrebbero opporfi in ordine alla pratica di quefta invenzione.

Primieramente può ritrovarfi difficoltà in votare la predetta palla ovafo nel modo di fopra infegnato, richiedendofi il rivoltare fopra la canna la palla, mettendo in alto la palla, che prima pofava in terra, il che certo non fi potrebbe fare fenza qualche macchina, con difficoltà, ftante la grandezza del vafo, o palla tutta ripiena d'aqua. A quefto fi può remediare in modo che non fia neceffario di muovere la palla. Si collochi dunque la palla in luogo alto almeno 47 palmi e nella parte difotto fia conneffo alcollo la canna di 47 palmi, la quale fi chiuderà nella parte inferiore pofcia fi empirà di aqua il vafo con tutta la canna per un altro forame nella parte fuperiore; pieno che farà, fi chiuderà il detto forame con una vite, o chiavetta, e volendolo votare bafterà aprire la parte eftrema della canna immerfa in un vafo d'aqua, acciò ufcendo l'aqua dal vafo non vi poffa fottentrar aria; ufcita che farà tutta l'|aqua fi chiuderà la chiavetta del collo del vafo e fi leverà via la canna, così avremo il vafo, il quale fe non farà del tutto voto di aria, del che non voglio qui difputare, certo è che almeno peferà tante uncie e mezza di meno, quanti fono i piedi d'aqua che prima conteneva nella fua capacità, il che bafta per il mio intento; ed è già ftato provato con l' efperienza, come ho detto di fopra : devefi folo ufare diligenza in fare che le chiavi, che chiudono il vafo fiano fatte efattamente in modo che non vi poffa entrar aria per le commeffure.

Secondo, fi può fare difficoltà in ordine alla fottigliezza del vafo; poichè facendo gran forza l' aria per entrar dentro ad impedire il vacuo, o almeno la violenta rarefazzione, pare che dovrebbe comprimere effo vafo, e fe non romperlo, almeno fchiacciarlo, e guaftare la fua rotondità.

A quefto rifpondo, che ciò *avvenirebbe* quando il vafo non foffe tondo; ma effendo sferico l' aria lo comprime ugualmente da tutte le parti sì, che più tofto lo raffoda, che romperlo : ciò fi è veduto per ifperienza in vafi di vetro, li quali ancor che fatti di vetro groffo, e gagliardo, fe non hanno figura tonda, fi rompono in mille pezzi; dove all' incontro i vafi tondi di vetro ancor che fottiliffimi, non fi rompono; nè è neceffaria una perfettiffima rotondita; ma bafta, che non fi fcofti molto da una tale figura sferica.

Terzo, nel formare la palla di rame fi potranno fare due mezze palle e poi connetterle infieme, e faldarle con ftagno al modo folito; ovvero farne molte parti, e fimilmente unirle; nelche non fi può ritrovare difficoltà.

Quarto, può nafcere difficoltà circa l'altezza alla quale falirà per l'aria la nave; poiche s'ella fi follevaffe fopra tutta l'aria che communemente fi ftima effer alta cinquanta miglia più o meno come vedremo dopo, feguitarebbe che gl'uomini non poteffero refpirare.

Al che rifpondo, che quanto più fi va in alto nell'aria, ella è fempre più fottile e leggiera; onde arrivata la nave ad una certa altezza non potrebbe falire più alto, perchè l'aria fuperiore effendo più leggiera non farebbe atta a foftenerla, fi che fi fermerà dove ritroverà l'aria tanto fottile, che fia uguale nel pefo a tutta la machina; con la gente, che vi fta fopra. Quindi acciò non vada troppo alta, converrà caricarla di pefo più, o meno conforme all'altezza, alla quale vorremo falire; ma fe ella pure faliffe troppo alto, fi può a ciò rimediare facilmente con aprire alquanto le chiavette delle palle lafciandovi entrare qualche quantità di aria; imperocchè perdendo in parte la loro leggierezza fi abbaffaranno con tutta la nave; come all'incontro fe non faliffe alta quanto defideriamo, potremo farla falire con alleggerirla di quei pefi che vi metteremo fopra. Cofi parimente volendo

difcendere fino à terra fi dovrà aprire le chiavette dei vafi; perchiocchè entrando in effi a poco
a poco l'aria perderanno la fua leggierezza, e
fi abbafferanno a poco a poco fino a deporre la
nave in terra.

Quinto, alcuno potrebbe opporre, che quefta
nave non poffa effer fpinta pervia di remi, perchè quefti in tanto fpingono le navi per l'aqua,
in quanto l'aqua fà refiftenza al remo, laddove
l'aria non può fare tal refiftenza.

Aquefto rifpondo, che l'aria benchè non faccia tanta refiftanza al remo quanto fa l'aqua per
effer più fottile, e mobile; fa però notabile refiftenza, e tanta quanta bafterà à fpingere la nave; poichè quanto è minore la refiftenza che fà
l'aria al remo, altrettanto è minore la refiftenza
che fa al moto della nave; onde con poca refiftenza di remo potrà muoverfi agevolmente:
oltre che rare volte farà neceffario adoprare i
remi, mentre nell'aria fempre avremo qualche
poco di vento, il quale ancorche debolliffimo
farà fufficiente a muoverla velocemente; e quando anche foffe vento contrario alla noftra naviga-
tione, infegnerò altrove il modo di accomodare
l'albero delle navi in modo, che poffano cam-
minare con qual fi voglia vento non folo per
arià, ma anche per aqua.

Sefto, maggiore è la difficoltà di rimediare
all' impeto troppo grande, con cui il vento gagliardo potrebbe fpingere la nave sì che correffe
pericolo di urtare nei monti, che fono i fcogli
di quefto oceano dell' aria; overo di fconvolgerfi e ribaltarfi : Ma quanto al fecondo dico
che difficilmente potrà da venti fconvolgerfi tutto
il pefo della machina, con molti uomini che
ftandovi fopra la premeranno in modo che fempre contrapeferanno alla leggierezza delle palle;
ficchè quefte refteranno fempre in alto fopra la
nave, ne mai la nave potrà alzarfi fopra di loro :
oltre che non potendo mai la nave cadere a
terra, fe non entra aria nelle palle; ne effendovi
pericolo d'affogare nell' aria, come nell' aqua,
afferrandofi gl' uomini a legni, o corde della
machina farebbero ficuri di non cadere. Quanto
al primo confeffo che quefta noftra nave potrebbe correre molto pericolo; ma non maggiore'
di quali, a' quali foggiaciono le navi maritime; perciocchè come quelle, così quefta potrebbe fervirfi dell' ancore, le quali facilmente
fi attaccherebbero agl' alberi : oltre che queft'
oceano dell' aria, benchè fia fenza lidi, ha però
quefto vantaggio, che non bifognano i porti ove
ricoverarfi la nave, potendo ogni qualvolta vede
il pericolo prender terra, e difcendere dall' aria.

I iv

Altre difficoltà non vedo che fi poffano opporre a quefta inventione, toltane una, che a me
fembra maggiore di tutte le altre, ed è che Dio
non fia per mai permettere che una tale machina
fia per riufcire nella pratica, per impedire molte
confeguenze, che pertubarebbero il governo ci-
vile, e politico tra gli uomini : Imperciocchè
chi non vede, che niuna città farebbe ficura dalle
forprefe; potendofi ad ogn' ora portar la nave
a dirittura fopra la piazza di effe, e lafciatala
calare a terra difcendere la gente? L' ifteffo ac-
caderebbe nelle corti delle cafe private; e nelle
navi che fcorrono il mare, anzi con folo difcendere la nave dall' altezza dell' aria, fino alle vele
della nave maritima potrebbe troncarle le funi;
ed anche fenza difcendere, con ferri, che dalla
nave fi gettaffero a baffo fconvolgere i vafcelli
uccider gl' uomini, ed incendiare le navi con
fuochi artificiali con palle, e bombe; ne folo
le navi, male cafe, i caftelli e le città, con ficu-
rezza di non poter effer offefi quelli, che da una
fmifurata altezza le faceffero precipitare.

EXTRAIT DE BORELLI.

Jos. Alphonsi Borelli, Neapolitani Matheseos Professoris, de motu animalium. Pars prima, cap. XXII de volatu, propositio 204.

Est impossibile, ut homines propriis viribus artificiose volare possint.

Tria potissimum in volatu considerari debent: primò, facultas motiva à qua corpus animalis per aerem suspendi debet; secundò, instrumenta idonea, quæ sunt *alæ*: tertiò, resistentia corporis gravis ejusdem animalis. Gradus virtutis motivæ dignoscitur à mole & quantitate musculorum, qui destinati sunt ad flectenda brachia, seu ad remigium alarum exercendum. Et quia vis motiva alarum in avibus ostensa est decies millies major, quàm sit resistentia ponderis earundem, utque tam enormem excessivum virtutis motivæ natura avibus largiretur, auxit valdè molem musculorum pectoralium, & solerter imminuit pondus totius corporis ejusdem avis, ut suprà insinuavimus.

Quando ergo quæritur, an homines propriis viribus volare possint, videndum est, an vires motivæ musculorum pectoralium (quorum vires indicantur & menfurantur à vaftitate eorundem *mufculorum*, eodem exceffu, fcilicet decies millies fuperent refiftentiam ponderis totius humani corporis, una cum pondere ingentium alarum, quæ *brachiis* aptari debent. Et patet, quod motivæ vires pectoralium mufculorum in hominibus multo minores funt, quàm neceffitas volatus exigit, quia in avibus moles & pondus mufculorum, alas flectentium, non eft minus una fexta parte ponderis totius corporis ejus. Ergo opporteret ut mufculi pectorales hominis penderent, plufquam una pars fexta ponderis totius corporis ejus : fic enim brachia cum annexis alis vibrando, exercere poffent vires, decies millies majores pondere ipfo corporis humani. At longe abfunt à tali exceffu cum prædicti mufculi pectorales nec centefimam partem ponderis totius hominis æquent. Quapropter, aut vires mufculorum augeri deberent, aut pondus humani corporis imminuendum effet, ut proportio fimilis fieret ei, quæ in avibus exiftit.

Hinc deducitur, omnino fabulofum fuiffe artificium Icarium, utpote impoffibile : nam nec mufculi pectorales hominis augeri, nec pondus humani corporis minui poteft ; & adhibita quacumque machina vectis aut alterius fimilis organi, licet ejus momentum augeri poffit, nunquam tamen æque velociter refiftentia movebitur, ac potentia impellit; & proindè alarum vibratio , facta à *mufculorum* contractione non poterit vi machinæ eadem velocitate furfum impellere corpus grave hominis, qua ipfi *mufculi* contrahuntur.

Reftat folummodo imminutio ponderis humani corporis non abfoluta , quæ impoffibilis eft, fi remanere integra ejus machina debet ; fed fpecifica & refpectiva ad fluidum aëreum ficuti lamina plumbi fuper aquam innatare poteft, fi ei addatur tanta fuberis moles , quæ reddat compofitum ex plumbo & fubere æque grave, ac pendet aquæ moles æqualis parti demerfæ ex Archimedis doctrina. Et hoc artificio utitur natura in pifcibus, in quorum *ventrem* inferuit *veficam* aëre plenam, cum qua in ipfa aqua æquilibrari poffunt, ita ut ibidem quiefcant, non fecus ac fi effent moles aqueæ.

Hoc eodem artificio quidam recentiores fibi fuaferunt, æquilibrari poffe pondus humani corporis cum ipfo aëre, addita nimirum vafta *vefica* vacua, vel rariffimo fluido repleta, tantæ amplitudinis , ut poffit in fluido aëreo fufpendere corpus humanum, unà cum phiala.

At quàm fit vana eorum fpes, facile percipimus, cum fabricari debeat vefica ex duro aliquo metallo, veluti ex ære, aut aurichalco, ex cujus interno *ventre* aër omnino exfurgatur, & tollatur, fitque tantæ vaftitatis, ut vas tam grande in medio aërei fluidi occupet fpatium aëris quod æque pendeat, ac vafta phiala metallica, una cum ipfo homine ei alligato : quæ proinde plus quàm viginti duo mille pedes cubicos occupare deberet ; & ideo lamina illa fphærica ad infignem fubtilitatem redigi deberet. Talis porro membranofa phiala, nec fabricari, nec confervari poffet, neque ullo organo pneumatico exinaniri poffet, & multo minus ope hydargyri, cujus tanta copia nec reperiretur in terra nec tractari poffet, & licet immenfa illa vacuitas induceretur, tamen membranofum illud *vas* æreum refiftere non poffet contra validam aëris compreffionem quæ *vas* illud diffringeret, aut contunderet.

Omitto quod tanta machina æque gravis fpecie, ac aër eft, in eodem præcifo æquilibrio cum aëre confervari non poffet; & ideo aut invite afcenderet ad fupremum aëris confinium ad inftar nubium, aut caderet in terram. Rurfus moveri tanta moles volando non poffet ob aëris refiftentiam, ficut plumæ, & ampullæ aquæ fpumofæ difficile per aërem moveri poffunt cum potius à qualibet levi aura impellantur, ficuti nubes, aëri æquilibratæ, à quolibet vento agitantur.

Hinc admiratio ceffat, quare natatum pifcium

in aquam tam facilem & volatum avium per aërem natura tam difficilem inftituit, quæ aliunde ubique compendia ftudiofe fectari folet : videmus enim , quod pifces fponte, & abfque ullo laboriofo conatu fufpenfi & æquilibrati, in medio aquæ perfiftere poffunt, & facillime afcendere, & per eam defcendere; & folummodo vi mufculorum transferuntur *tranfverfe & oblique* veloci curfu. E contra aves innatare non poffunt in medio aëris, fed fufpendi debent violentia continua à vi & facultate projectitia non externa , fed naturali & intrinfeca , contrahente mufculos pectorales, à qua frequens faltus per aërem repetuntur, qui requirunt vim ingentem ; eo quod non funt innixis pedibus folo firmo , fed innixis alis fuper fluidiffimum , & maxime diftrahibilem aërem.

Affero nihilominus, quod actio volatus non eft prolixa , immo eft fimpliciffima , & facillima inter modos poffibiles , quibus volatus effici poterat. Et ratio quare non fit eodem modo, ac natatus , eft quia natura non aggreditur impoffibilia : quippe aquæ valde ponderofæ facile pifces æquilibrari poterant : at eft impoffibile ut aves, compofitæ ex *offibus, carnibus & fluoribus*, bis millies gravioribus aëre , cum eo æquilibrari poffent.

ADDITION.

LE Mercure de France du 12 Juin, contient
une lettre écrite de Caën, où Léibnits est pré-
senté comme ayant droit à l'invention de l'art
du vol. L'auteur de cette lettre n'a pas affez
étudié ce favant illuftre. Il s'eft fervi de l'édition de M. du Tens, faite à Genève, chez les
frères de Tournes. Le paffage qu'il en a extrait
page 13, de la feconde partie du tome II,
eft exact, & il contient une théorie inexécutable. Léibnits y offre idéellement à l'imagination, un globe de verre ; mais il favoit très-
bien qu'on ne peut pas fe le procurer affez grand
& affez folide pour qu'après en avoir pompé
l'air, il fût tout à la fois plus léger que l'air
déplacé, capable de réfifter à la preffion de l'air
environnant, & d'enlever le poids de l'homme.
Auffi lorfqu'il traite de la pratique de l'art, aux
pages fuivantes 84, 85 & 86, où le verre eft
rejetté, il y commente & critique Lana, & con-
clut que, fi le rayon de la fphère étoit tel qu'il
l'exigeoit, l'épaiffeur du métal devroit être $\frac{1}{1500}$
partie de pied, ce qui eft moins que $\frac{1}{100}$ de pouce, & ne peut pas fe faire. *Quod fi fphæræ
radius effet ut Fran. Lana volebat, craffities me-*

talli deberet effe $\frac{1}{2500}$ pedis, id eft, minus quàm ducentefima pars pollicis, quod fieri nequit.

Ce problême eft-il réfoluble en agrandiffant la fphère? Léibnits en affirme la poffibilité théoriquement; toutefois, ajoute-t-il, dans la pratique la conftruction d'une fphère auffi immenfe, même de métal, cuivre ou fer, furpaffe les forces de l'homme. Ainfi Dieu, s'il eft permis de le dire, a oppofé ce verrouil aux efforts humains. *In praxi tamen tam immenfæ magnitudinis fphæras conficere, & quidem ex metallo, velut cupro aut ferro, fuperat vires humanas. Itaque hic peffulum, ut fic dicam, humanis conatibus obdidit Deus.*

Je conclus donc que Léibnits n'a rencontré qu'une porte fermée au verrouil, où MM. de Montgolfier ont trouvé une bonne clef.

Léibnits a rapporté, tome VI, pages 298, 313 & 319, une penfée de Campanella, que l'homme pourroit trouver l'art du vol, fi fa fageffe acquéroit un plus grand effor; & deux anecdotes, l'une de Dufon, mécanicien, qui avoit promis envain aux princes de Brunfvick, une machine pour voler; l'autre de Buratini, qui, dans fa jeuneffe, en avoit fait un modèle.

F I N.

ERRATA ET OMISSIONS.

Page 5 , *lig.* 11 , confidérées, *lif.* confidérés.
Ibid. lig. 12 , extravagantes , *lif.* extravagans.
Page 84, *lig.* 26 , *ajoutez* : M. le marquis d'Arlandes
a conçu encore deux autres moyens pour éviter les
dangers du feu, un éteignoir de tôle de la grandeur
du réchaud pour le couvrir au befoin & fur-tout au
moment de la chûte ; & deux grands bâtons ou perches pour placer dans l'intérieur de l'Aéroftat, afin
d'empêcher la chûte de l'enveloppe fur le réchaud. Il
a, de plus, fait fabriquer une ancre pour fixer l'Aéroftat à fa defcente. Lana avoit déjà indiqué ce dernier moyen.
Page 109 , *lig.* 10 , *ajoutez* , & un pendule pour en
obferver les ofcillations aux différentes hauteurs.

APPROBATION.

J'AI lu par ordre de Monfeigneur le Garde des Sceaux,
les *Recherches fur l'art de voler, pour fervir de
fupplément à la Defcription des Machines aéroftati-
ques* : je n'y ai rien trouvé qui puiffe en empêcher l'impreffion. A Paris, ce 2 Juillet 1784. *Signé*, SAGE.

Le Privilége fe trouve au Volume de la *Defcription
des Expériences de la Machine aéroftatique de
MM. de Montgolfier.*

De l'Imprimerie de CHARDON, rue de la Harpe.